淬鍊幸福
剛剛好的回憶練習

媽媽也曾經是女兒，
從過去傷痛釋放自己，學會愛

尚瑞君——著

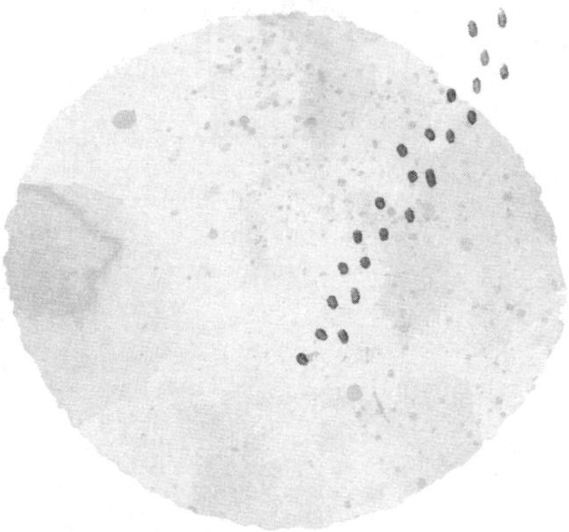

自序

給孩子更純粹與健康的愛

每一個人都有媽媽，媽媽孕育與誕生了我們，但在成爲媽媽之前，媽媽也曾經是女兒，是少女，是小女孩，是一個天眞爛漫的嬰幼兒。

如果，我可以早一點意識到媽媽也曾經是女兒，我想，我可以更好奇的詢問媽媽是如何一路成長與感受體會人生？我也可以表達更多對媽媽的愛與感謝。

「樹欲靜而風不止、子欲養而親不待」，學到這句話時，雖然我懂字面上的意思，但當我眞正感受到這句話的悲涼時，我已經來不及爲在天堂的父母付出更多。現在的我只能把自己照顧好，把父母給我的愛與信任，用各種我所能想到與實踐的方式，傳遞出去，讓大家感受與享受親子之情裡流動的美好與善。

愛，從日常累積而成

如果你的母親還在世上，我希望你可以想起來媽媽也曾經是女兒，可能也曾經是對婚姻、對新家庭、對孩子有很多期待與渴望的少女。因為舊時代的女性不一定會想到自己，但她卻不會忘記身為女性擔任母親的意義。

如果你也在意母親曾經是個少女，也許對你們之間的關係會更拉近與親近一點。

我不知道那個少女心中的渴望是否有實現？這是你可以跟媽媽聊一聊的話題，但我知道，只要人還在，愛，永遠都來得及。

如果妳現在是一位母親，請不要忘記妳原本是女兒的身分，也不要讓少女時期的夢想遺失在時光的荒野中，變成風中的遺憾。也許，妳有女兒，妳的女兒以後也有可能會成爲母親，妳希望她成爲妳現在當母親的樣子？還是希望她不要變成妳這樣的母親呢？

答案，往往藏在日常的實踐中。

如果你是一位男性，不管你現在只有兒子的身分，還是你已經有妻子、孩子了，都請想想你的母親曾經是女兒，你的妻子也曾經是女兒，她們在成爲人妻人母前，人生的成長路徑造就現在的她，她有沒有很想做卻還沒有找到實踐方法的夢想呢？而你的女兒日後也有可能成爲母親，你希望她在成長中都擁有怎樣的積累與奠基呢？

回憶母親，開啟自我覺察與療癒之旅

那些遺落在時間縫隙中的夢想或恐懼，往往會不經意的在夜深人靜時，突襲我們脆弱的心靈，讓我們用淚滴來清洗傷口。

沒有人的人生可以不受傷就長大，沒有人的人生都只披裹著幸福的糖霜，我們要能爲受傷的自己止痛、療傷，也要能在吃完糖霜後，不丟棄品嘗後面眞滋味的勇氣。

現在的我們都是每一個過去所慢慢積累出來的，想要更了解自己，有時候需要花一點時間去了解母親。因爲母親在我們的生命之初，就扮演著絕無僅有的角色。

「認識你自己」（know thyself），相傳是銘刻在希臘德爾斐阿波羅神廟石柱上的第一句箴言。從小到大我們花了多少時間認識自己呢？又花了多少時間認識孕育我們生命的母親呢？多認識自我，我們才能更好的管理與控制自己，然後付出更好的自己。

雖然我現在只能靠著慢慢回憶去拼湊出母親生命的足跡，但也希望我的孩子們日後有機會藉由這些文字的閱讀，更清楚他們媽媽成長的點滴，雖然大部分的故事他們都聽過。

有人問，這是我跟媽媽的和解之書嗎？其實我跟媽媽沒有在對立面過，所以也不會有所謂的和解。只是透過文字一字一句的回溯與拼接，我漸漸有勇氣接納了人生前面曾有的際遇，讓生命的能量可以更順暢的流動。

接納，讓我不再害怕被別人發現童年的我曾經輟學，甚至露宿公園；不再擔心我的原生家庭出問題，是不是我也有問題？

過去，我完全的臣服在際遇裡，才會柔順而不掙扎，但我的內心卻沒有辦法完全接納生命中的遭遇，才會在人際交往上顯得逃避又疏離，甚至邊緣又孤僻。

成為母親後，我一度在生死邊緣卡住，才發現原來是有一部分的自己還卡在童年的創傷裡而不自覺與自知。現在我還在療癒和成長的路上，因為我想更真實與誠懇的接納自己經歷的一切。

人生總有卡住的時候，要想辦法疏通；人生難免會遇上打結的困境，也要記得努力鬆開。

從過去的經歷中，淬鍊出健康的愛給下一代

這是一本為了深度自我覺察與療癒所寫的書，雖然我無法改變過去曾經發生的事，但現在我有更大的彈性與充滿智慧的眼光，去重新解讀生命中的際遇帶給我的意義和學習，同時我也把家族裡承接的能量淨化與清理，想把更純粹與健康的愛，傳遞給孩子。

每一滴爲清洗過往而流出的淚，是一種終於可以好好靠近自己的釋放；是一種讓憂傷變成勇敢的堅強；是一種痛後可以帶著愛繼續上路的祝福。在淚滴清洗過的心靈得到壓力的釋放與舒緩後，會讓臉龐綻放出微笑的花。

謝謝父母給了我柔韌的生命，給了我無盡的愛與信任，讓我可以細細的品味人生與回饋社會。謝謝親子天下的邀請，讓我有勇氣走上生命的療癒之路，謝謝佩芬、珮雯、采芳、于善編輯團隊的溫暖與細膩，讓我可以在文字中開展與收斂，謝謝先生和孩子們對我寫書的支持與肯定，也謝謝正在閱讀這本書的你，讓我們一起在生命裡學習與傳遞愛。

僅以本書獻給天上的父母，讓愛，永不止息。

目錄

第一章 溯源，探尋真正的自己

第二章　走上療癒之路

第三章　傳承父母的愛

第四章 生命中的光芒

第五章 讓餘生不留遺憾

第六章 傳遞純粹的善與愛

第一章

溯源，探尋真正的自己

有些事不是被時光治癒了，只是我們以爲自己忘了，
直到我們的人生被相似的經驗再次衝擊，
才發現自己仍卡在童年某一段挫折中，
唯有用現在成熟的自己，去解開人生封存的祕密，
我們才能知道那些事件對自己產生的影響。

揭開壓住你的祕密

我很會保守祕密。有一個祕密，我守到相關的人都往生了，都不曾告訴其他人。

一個不能跟媽媽說的祕密

以前，聽到同學逢年過節都會去外婆家玩，總是讓我覺得好奇又羨慕。我們這些住在眷村的小孩，大多是只有父親一個人在台灣，沒有爺爺奶奶，也沒有父親那邊的親友。我母親的爸爸，也就是我的外公，也是一個人在民國三十幾年間隻身來台灣，而外婆在媽媽七、八歲的時候就過世了，外公在孩子成年後就一個人住在上班工廠的宿舍裡，所以我沒有外婆家可回。

但每年的清明節連假，媽媽會帶我們回中部的姨婆家住幾天，順便幫外婆掃墓。

小時候坐火車回姨婆家，在火車上看窗外變化不定的風景是一件很有趣的事，尤其是景物在接近和遠離的過程中，變化之快讓我感到十分神奇。當四周變成黑壓壓的一片時，我知道我們進入山洞了！我們會數著一個又一個的山洞前進，那時也知道快到姨婆家的車站了。印象中，大概會經過十幾個山洞。

小學三年級的清明節，媽媽照例帶我們坐火車回姨婆家。只是那一年很奇怪，清明連假快結束了，爸爸來接哥哥姊姊，我跟弟弟妹妹卻還跟媽媽留在姨婆家。

我跟弟弟妹妹原本在樓上的房間玩耍，二哥跑上樓來到我們住的房間，開始翻找媽媽的包包，他跟我說：「爸爸叫我把媽媽的身分證拿給他！妳要保守這個祕密，不可以跟媽媽說唷！不然爸爸媽媽可能會離婚！」

離婚是什麼？那是我第一次聽到這兩個字，雖然我聽不懂，但好像是很嚴重的事。

我很認眞的跟二哥點點頭，答應二哥要保守這個祕密。因爲二哥在家裡很有威嚴，他既聰明又很會讀書、考試，還會參加書法比賽等，不但成績優異也常常得獎，我看過爸爸蒐集好多二哥的獎狀，他就像是家裡另一個大人，他說什麼，我們都要聽、都會聽。

不能說，因此也習慣了沉默

大一在台中念書時，我很喜歡在校園裡散步，有時走去湖畔看湖水被微風吹動的細紋，有時在俗稱黑森林的小路間雜思。偶爾會在校園散步時遇上同學，期間好幾次遇過一對男女同學，有一次那個女同學手上抱著一束漂亮的花，她的笑容比花還燦爛，而男同學的臉上則散發出興奮無比的光芒。

過沒多久，我們班出現了第一對班對，就是那一對我常遇到的男女同學。有一次在等待上課時，那個男同學突然在班上問我：「妳看過我們在一起好多次，妳怎麼都沒有說？」我不知道要如何回答他的問題，沒想到這時候我的室友笑笑的說：「瑞君就是這樣的人啊！她不會胡亂散播！」

我是不會胡亂散播的人嗎？是的，我是。我是從小學三年級開始就很會保守祕密的人。

祕密，就是因爲不能說才會是祕密。

小女生原本都是很喜歡交換祕密的族群，常常有人會對妳說：「我跟妳說一個祕密，但妳不可以告訴別人唷！因為妳是我的好朋友，我才會跟妳說這個祕密！」

你有這樣跟你交換祕密的好朋友嗎？小時候原本我也是會跟鄰居朋友交換祕密的小女孩，但小三清明節過後回到學校，有太多人問我為什麼這麼久沒有上學時，我不知道要如何跟大家說這些日子的經歷，只好用沉默當作回答。

也許，我是害怕讓別人知道媽媽帶著我們離家出走，反而對自己造成傷害吧？選擇沉默，變成我保護自己的方式。

因為害怕受到傷害，讓我變成不會跟別人交換祕密的人。不管我看到什麼，聽到什麼，常常就只是看到、聽到，不會再散播出去，因為不喜歡聽祕密，也不會說出心中的祕密，漸漸的，我變成八卦絕緣體。不會傳八卦，也對聽八卦不感興趣。

解開封存的自己，活出完整人生

人生還有多少事需要解密？我不知道。我更不知道在小學三年級的清明節過後，保守的祕密會變得越來越多，多到我無法消化，那些祕密漸漸讓我臉上的笑容變成憂愁，也讓我開始習慣一個人獨來獨往，習慣一個人守著祕密，直到那個祕密不再是祕密。這樣提早成熟的心理負擔，讓我的童年漸漸孤單。

你的人生藏有你承受不住卻又不敢對別人說的祕密嗎？

生命會沉重，就在於無法分擔。

小時候很多事不懂，總覺得熬過去就沒事了，但**時間不是特效藥，有些事不是被時光治癒了，只是我們以爲自己忘了**，直到我們的人生被相似的經驗再次衝擊，我們才發現自己仍卡在童年某一段挫折中，沒有跟著歲月的變化一起長大。

唯有用現在成熟的自己，去解開人生封存的祕密，我們才能知道那些事件對自己產生的影響。

用文字解密，對我來說是一條安全又療癒的路，希望你也能找到適合你解密的鑰匙，有勇氣開啟塵封已久的往事。試著用更成熟的態度，換一種眼光去解讀與面對自己生命的歷史，才可以把自己的生命活得更完整而健康。

人生孤單並不可怕，可怕的是不知道如何跟孤單的自己相處。當我們能跟孤單的自己好好相處時，慢慢的會發覺生命其實一點都不孤單，而是那些豐富的部分沒有被我們發現。

張開眼睛的人不一定能看見，閉上眼睛的人不一定看不到，眞正的差別在心而不僅是眼睛。用心感受而不只是用腦去理解，即便是曾經以爲無法說出口的事，再次回頭去看，也會有不一樣的發現。

現在回頭去看那時守著祕密的小小心靈，雖然備受煎熬，但我眞的守住了這個祕密。我也要跟當年的自己說：「這一路走來，妳眞的很不容易，但妳做到了！而且也做得很好，妳可以把這個祕密放進歷史的洪流中，讓過去的遠去，才能譜寫新的未來。」

痛苦，因分擔而被稀釋；快樂，因分享而會倍增。沉重的祕密大多是讓我們辛苦的來源，因爲那些祕密可能曾經對我們造成傷害，我們害怕說出來會讓自己變成壞孩子，但事情不是這樣的，我們只有去正視過去的傷，好好治療，才會變成更好的人。

是時候讓我們跟曾經壓得自己無法好好呼吸的祕密分手吧！因爲不管是多暗黑的祕密，都不該遮住你生命本身的光彩，祝福你，在解密中豐富自己、潤澤生命，擁有更完整又健全的人生。

「有些事不是被時光治癒了，
只是我們以為自己忘了」

當發現自己仍卡在童年某一段挫折中時，唯有用現在成熟的自己，去正視過去的傷，一如清創要割開傷口才能洗淨。釋放積壓已久的壓力，我們才能裝進新的、好的能量，長成更好的自己。

在母親的懷抱中學會溝通

以前懷孕時聽媽媽說：「孩子只要一哭，媽媽就會流奶水！」我覺得怎麼可能會有這種神奇的事？但當我開始哺餵母乳，才證實媽媽所言不虛。

哺餵是孩子與母親獨一無二的連結

嬰兒與母親，有神祕的溝通與連結模式，不信你回想看看，在半夜孩子還沒哭，媽媽是不是就先醒了？沒多久孩子就哭著找奶喝呢？嬰兒肚子餓的時候很有趣，會張著小嘴到處找，就像是鳥巢裡的雛鳥，張著小喙啊啊啊的叫。

在孩子剛平安誕生後，嬰兒跟母親並非完全的分離，其實還有一段共生時期，讓他們慢慢調適分開的感覺，像是抱著孩子餵奶，對母親和嬰兒來說，就是很重要的連結。

嬰兒跟母親，到底是誰先愛上誰呢？對嬰兒來說，他記得在媽媽子宮中被溫暖包覆的感覺嗎？對媽媽來說，孩子在肚子裡成長的那十個月，應該很難忘懷吧？

我很愛我的孩子，但也遇過不喜歡自己孩子的母親，她甚至說：「那時太年輕，跟外籍先生離婚後，我們兩個都不要小孩，孩子不到一歲就出養了！」

母愛，究竟是天生就有的？還是後天培養出來的？

以前聽人家說，要讓孩子斷母乳，就要在乳頭上擦辣椒，讓孩子吃了痛苦，就不會想再吃了，我覺得眞殘忍！我好奇媽媽都是怎麼讓我們斷母乳的？媽媽說：「請別的阿姨幫忙帶幾天，等到奶水沒了就斷了！大家都是這樣相互幫忙的！」早期人說養大一個孩子要靠全村的力量，眞的很有道理。雞犬相聞的年代，現在只能在電視中回憶。

兩個兒子要斷母乳時，都是媽媽幫忙帶孩子。長子在一歲多時斷母乳，因爲他當初就是母乳和配方奶同時餵，所以我們夫妻出國玩幾天就斷奶成功。

餵弟弟吃母乳吃到一歲一個月，我們帶哥哥去馬來西亞度假五日，讓媽媽幫忙照顧弟弟，順便讓弟弟戒斷母乳。

弟弟從醫院接回家後就沒有跟我分開過，戒斷母乳的那五天他不太喜歡喝配方奶，雖然不太吵外婆，但吃的不多又不喜歡喝配方奶，當我們回國看見他，他嗯嗯唉唉的往我懷裡鑽，一哭，我的奶水居然又流了出來，先生說：「妳還有奶水，就再餵他吧！」

我們都是在哭聲與擁抱中長大

你知道你的母親怎麼幫你斷奶的嗎？

我是被媽媽抱著親餵母乳的嬰兒，吃母乳吃到一歲，媽媽沒有用激烈的方式讓我斷奶，而是請鄰居阿姨幫忙照顧我幾天，讓我斷母乳。那每天被媽媽抱在懷裡哺餵的溫暖記憶，讓我跟媽媽的感情很親暱。

媽媽在十一年間生了六個孩子，大多是吃母乳的我們跟媽媽的感情很親，也許與誕生後就被媽媽抱著以母乳養育有關。

約翰．鮑比（John Bowlby）是著名的精神科醫師和依附理論的創始人，他曾說：「如果不能和媽媽溝通，我們終究也無法和自己溝通。」

生命初始，我們是怎麼和媽媽溝通的呢？你想到了，是用哭泣。還不會說話的嬰兒，只能用哭泣來表達他的需求。

孩子一哭，媽媽就流奶水，這是多麼微妙又緊密的聯繫啊？這時媽媽卽便在忙別的事，也知道要抱著孩子餵母乳了！

每一個長大的人都被抱著餵過奶水吧？不管喝的是母乳還是配方奶，我們都曾被好好的擁抱與餵養。

想到擁抱和餵養的畫面，是不是心都變得溫暖與柔軟起來？是不是讓我們感受到被照顧與關愛呢？總是有人愛你，你才會長大的。

爲人母後，常常在跟孩子互動的過程中，想著媽媽以前也是這樣照顧我們嗎？

特別是當媽媽教會我躺著哺餵母乳之後，讓我覺得餵母乳不再是那麼辛苦的差事，反而是可以稍微休息一下並且享受哺餵過程的一件事。看著懷中嬰兒那麼認眞的吸著奶水，會覺得能滋養一個生命眞的是好幸福的一件事。

用對話與傾聽，經營幸福

媽媽十七歲就當母親，而外婆在媽媽年幼時就已經往生，爸爸又是隻身來台，那媽媽是怎麼坐月子的呢？媽媽說：「是你爸爸去問住在附近的阿姨，問她們坐月子要吃什麼，妳爸就買回來煮給我吃！」一個十七歲的少婦，一個四十三歲的壯漢，加上一個剛誕生的嬰兒，也曾經是充滿挑戰與歡樂的小家庭吧？

以前我總以爲爸媽的感情不好，不敢問媽媽是否愛過爸爸，但在念研究所搬去跟媽媽一起住後，在跟媽媽的相處中，聽著她以前跟爸爸的相處過程，我想，在最初結婚的十幾年中，媽媽應該還是覺得幸福和快樂的，但爲什麼我們後來的生活會變調呢？

原本安全依附的關係，在家裡多了更多的孩子後改變了。經濟需求壓力更大時，媽媽想出去工作，還記得那時媽媽帶著還沒念小學的妹妹弟弟去幼稚園註冊，還買了書包，但是爸爸卻不願意讓弟弟妹妹念幼稚園，要媽媽在家顧孩子，不要出門工作。

小時候我不明白，爲什麼媽媽要不要工作這件事可以引起家庭糾紛。慢慢長大去回溯，發現應該是因爲爸爸進入中年危機，五十多歲進入中年危機的男人，想把才三十歲出頭貌美如花的妻子牢牢抓住，只能用孩子綁住媽媽吧？現在想想，爸爸的做法顯得原始而笨拙啊！

愛與放手，中間需要溝通來做連結。爸爸跟媽媽的相處會出現問題，不是因爲沒有愛，而是缺乏好好的對話與溝通。

嬰兒不會說話，父母用哭聲和其他線索去猜嬰兒的需求，甚至在滿足孩子的生理需求後，會發現孩子其實也有心理需求。我們做父母的，要慢慢用話語來幫孩子把需求說出來，這樣孩子也才可以學著表達需求。

對話是了解彼此與拉近距離最便捷的方法，但不能只是「說」，「傾聽」是對話中更重要的過程，不然大家只是急著說，卻沒有傾聽對方的心聲，也只會淪爲各說各話。傾聽對方，對方也才可能願意傾聽你，不然各說各話時，傳遞的訊息只會在空中迷路，沒有交集。

不管是跟父母、孩子、配偶、衆人，還是面對自己，都不要把對話這條路封閉了！透過對話與傾聽，才可以探看彼此的心靈世界，給對方需要的愛與支持。

多跟生命中的重要他人對話與聊天，傾訴與傾聽，才不會錯過彼此。

以前父母因爲溝通不良而對婚姻造成傷害，甚至也影響了我們成長的環境和狀態，給了我很大的警惕，讓我在經營婚姻和教養孩子上，特別在乎與孩子的對話和伴侶的溝通。

用現在自己成熟的心態回頭去看父母的婚姻，雖然不能改變過去，但至少我能借鏡他們的錯誤，也算不枉童年與成長歲月中所承受的苦。

如果你的父母沒有給你良好婚姻和教養的示範，你要相信你自己還是有能力學習與修正。因爲父母生養我們，不管好壞，都已經完成生養的責任，而我們要的幸福，要靠自己去創造和經營，這樣子代才能在親代的奠基上，發展得更好、更完善。

「愛與放手，
中間需要溝通來做連結」

我們一開始都是嬰兒，用哭聲表達飢餓，父母聽到哭聲後，用擁抱與餵養回應我們，這是最親暱的溝通方式。長大後的我們，學會了用語言溝通，卻常忘了用對話與傾聽拉進家人間的距離。

不論我們是否選擇延續血脈，都不要忘了多跟愛你的人和你愛的人互動和連結，偶爾打個電話、傳個訊息或相約見面，分享生活與心情，才能讓愛傳遞與延續。

追隨廚房裡的身影

很喜歡看電鍋飄散出一陣又一陣的白煙，裊裊炊煙預示著等一下將會出現一家人和樂用餐的溫馨畫面。

每一餐都包含了母親的辛勞

小時候對媽媽的記憶大概都是在廚房裡吧？我喜歡時不時跑去問媽媽：「媽媽妳屬什麼？」媽媽總笑嘻嘻的跟我說：「媽媽屬廚房，燒開水給妳喝！」

我不知道爲什麼當聽到媽媽說「媽媽屬廚房」時會特別開心。我知道大哥屬蛇、二哥屬馬、姊姊屬猴、我屬豬、妹妹屬虎、弟弟屬龍，但媽媽卻說她屬廚房，實在太好笑又有趣了。

當我自己成爲母親，並且在長子四個月時辭去工作回家專心帶孩子後，我也發現自己待在廚房裡的時間眞的很多，不管是餐前的洗滌食材，煮飯時的研磨、蒸煮、清炒、汆燙，還有事後的收拾與歸位等，我好像一整天都離不開廚房，更何況小時候媽媽要在廚房裡張羅一家八口的吃食和餐後收拾呢？

媽媽說她屬廚房，其實她是奉獻了她的能力與勞作，認眞做出食物來養大她的孩子。

當我成爲母親，回頭去想母親的經歷後，更能體會媽媽的辛苦，眞正了解「爲人親方知父母恩」的意義。你也是嗎？

讓全家感受幸福的魔法師

印象中，媽媽常常會擀麵，無論是做圓圓的包子、饅頭，還是三個角分明的砂糖包、豆沙包，或是細細長長的麵條，還有捲在一起的蔥花捲，當那些麵食在口中咀嚼時，總是吃得到香與甜，在口中和心裡慢慢擴散開來，那是比直接吃糖還讓人開心的滋味。

這些麵食品都是爸爸憑著記憶教媽媽做的，爸爸說：「第一次擀麵做餃子皮，不知道大小，做了好大的餃子，妳二姨剛好來我們家，吃兩顆餃子就飽了！」照爸爸的形容，那時他們擀麵皮做的大餃子，可能跟現在的韭菜盒差不多大小吧？

媽媽不單是光聽爸爸形容就做出各式各樣的麵食，媽媽自己還會找尋更適合的配方或做法讓食物更好吃。像是一開始，爸爸教媽媽做莧菜餅，用手擀圓圓的麵皮，把莧菜放在裡面，再打一顆蛋，之後用一張圓麵皮蓋住，接著把整個餅放進油鍋裡煎。後來媽媽發現高麗菜搭配雞蛋更好吃，而且還捨棄油鍋，改用電鍋煎餅，這樣不但更安全，餅也煎得更漂亮。

媽媽就像是一個魔術師，廚房是她變出各式各樣美食的舞台。當廚方傳出油炸豬油的香氣、飄出炒魚鬆的美味，總是驅使我們往廚房裡鑽，這時媽媽可能就會塞一點食物到我們的小嘴巴裡。

媽媽一直是一個勤奮的人，小時候她會找附近的荒地種菜，媽媽說空心菜只要澆水就會長大、很容易生長。媽媽也是一個很有愛心的人，有一個賣菜阿姨會挑著扁擔到處賣菜，她的菜又醜又有蟲，但媽媽都會跟她買菜，因爲媽媽說：「她一個人種菜還要養女兒，很辛苦！」

媽媽不會跟我們說大道理，但她的言行都是我們效法的榜樣。她的手就像是魔術靈，經過的地方都會變得亮晶晶，用雙手做出的美食讓我們咀嚼著幸福的滋味。媽媽老老實實的做事又和和善善的對人，還總是看見生活中美好的那一面，讓我們在耳濡目染下，也知道要把事情做好，要對人和善，還常常想生活中好的、值得感謝的事。

媽媽料理出的食物養大了我們的身體，媽媽的言行舉止，更是我們為人處事的樣板與典範，讓我們學著跟這個社會互動與連結。

接棒譜寫廚房裡的故事

搬來新家後，媽媽常常來我們家小住，那是一段溫馨又快樂的時光，也是一段我跟媽媽會一起待在廚房的時光。每次我先做料理的前置作業，把該揀、該洗，當餐要吃的菜弄好後，再讓媽媽這個大廚來炒、來煎、來煮。

長大的我其實不太喜歡廚房，因為很討厭油煙味，也不是那麼喜歡炒菜，甚至在把蔬菜放進油鍋裡的那一刻，還是會害怕被噴起的油燙到。但跟媽媽一起在廚房裡工作的記憶很美好，也漸漸讓我覺得可以做菜給家人吃，是一件很幸福的事。

雖然媽媽再也無法跟我一起在廚房裡工作了，但她一邊笑嘻嘻做菜，一邊問我好不好吃的樣子，會讓我永遠記得食物的美味，永遠對食物心懷感謝。

你家廚房都上演過什麼故事呢？

你喜歡做菜嗎？你還記得媽媽的拿手菜嗎？或是現在你正教著孩子做你學來的拿手菜呢？

人不在，但愛的味道會不斷傳承

記得在打新冠肺炎疫苗ＡＺ第一劑的前一天，讀高一的長子煮了一鍋咖哩。打完疫苗後，我產生了發燒的副作用而無法做飯，那鍋咖哩在這個時候幫了大忙。

這幾年，看見有些朋友刻意要教進入青春期的孩子做菜，想要把家庭的滋味傳承下去，這種心意值得推廣。

民以食為天，食物可以把記憶中喜歡的味道傳承下去，如同愛在迴旋。**即便我們的父母去遠行了，即便我們再也吃不到父母做的飯菜了，我們還能在手藝傳承中，記得那份被愛的滋味。**

不管是爸爸做菜的味道，還是媽媽做菜的味道，父母傳承的都是愛的味道，你也要讓你的孩子吃到。

每一個長大的人，都有人為他料理過食物，都有人付出心力滋養著他的生命。不管你現在過得如何，只要記得曾經有人為你付出讓你長大，這些都是愛的滋養，你就會有勇氣讓自己活得更好，因為，每一個生命都值得過自己喜歡的生活。

「手藝也許會失傳，
但被愛的滋味不會消失」

我們長大的過程中，總有人爲我們精心準備料理，他們付出汗水與心力，滋養我們的生命。當我們長大成人，遭遇生活中的橫逆時，不要忘了記憶中的那份滋味，它能讓我們記起被愛的感覺，同時賦予我們活得更好的勇氣。

有人愛過我們，我們才能長大，長大的我們，要學會好好愛自己。

煮出愛物、惜物的DNA

小時候，爸爸常常說起家裡爬滿葡萄的藤架，當葡萄結實累累時，甚至會引來外人偷摘。我對家裡爬滿葡萄的藤架已經沒有印象，但我記得家裡有一棵很大的芭樂樹，芭樂樹大到爸爸可以在樹幹上綁上粗麻繩，讓我們坐在粗麻繩上玩盪鞦韆。

哥哥們喜歡刺激，會站在粗麻繩上用力的盪，看他們盪得越高叫得越大聲，讓我覺得又好玩又害怕。輪到我們玩時，我們沒有那麼大的勇氣，只敢小心翼翼的坐在粗麻繩上，讓哥哥姊姊幫忙在後面推著。慢慢盪起來的鞦韆，是我童年印象中很幸福的圖像。

至於芭樂樹上結出的果實到底好不好吃呢？我已經沒有印象，但卻記得每次在大風雨過後，媽媽會把掉在地上的芭樂撿起來分類，大顆成熟的就直接給我們吃，看起來太小的，媽媽就會把那些芭樂拿去煮。

煮過的芭樂有一種說不出來的氣味。那時候我只記得媽媽說：「這些芭樂因爲還沒有熟，生吃不好吃，但煮過就可以吃了！我們不可以浪費食物。」

「不可以浪費食物」是我對煮熟芭樂最深刻的記憶，長大後的我才明白，那是愛物、惜物的味道。愛物、惜物的觀念已經在一次又一次吃著煮熟芭樂的過程中內化，深植在我的DNA並影響著我的生命。

浪費的罪惡感比有形的傷害更大

有一陣子跟高三的長子在聊天時談起食物，他說：「媽媽，妳也知道吃隔夜菜對身體不好，爲什麼不丟掉隔夜菜，執著要把它吃完呢？」

其實孩子們問過我好幾次這樣的問題。我不是喜歡準備過量食物的人，會出現隔夜菜，往往是先生因爲想讓家人吃飽而不小心買了太多。

我回答長子：「我有想過這個問題。媽媽知道你是關心我的健康，但我的媽媽跟我說過食物沒有變酸、沒有壞掉，就不應該浪費。這個信念對我影響很大，我懷著感恩的心吃食物，即便是隔夜我還是心懷感恩，如果我把還能吃的食物丟棄，我會有很大的罪惡感，這個罪惡感對身體傷害可能更大，所以我選擇在食物還可以吃的時候，把它吃掉。」

長子說：「媽媽，這樣我懂了！即便是吃隔夜菜，妳的心情會比丟掉食物開心，對不對？」

我說：「對！」

他說：「保持心情開心還是比較重要！但我們可以讓爸爸少買一點，還是少吃隔夜的東西比較好！」

我說：「媽媽知道啊！媽媽也知道，你都會盡量把準備給你的食物吃完，有時候你甚至會幫媽媽吃隔夜的食物，謝謝你這麼關心媽媽。現在我常常跟爸爸說東西不要買太多，爸爸也有在注意分量了！」

很多人都覺得青春期的孩子很難搞，其實他們只是很有想法、想用自己的做事方法，如果家長願意多傾聽，願意多放手讓孩子嘗試，青春期的孩子不但不難搞，還可以長成情理兼具的大人。

心懷感恩的享用每一餐

訂婚後，雖然我和先生還有一年才要結婚，但我常在假日跟未來的公婆一起吃飯。那時有一位外傭在照顧婆婆的父母，婆婆在餐後會跟外傭討論要如何處理沒吃完的食物。每次外傭問婆婆，婆婆都說兩個我聽不懂的字，聽了幾次，我實在忍不住好奇的問那是什麼意思，婆婆說：

「就是台語的丟掉啊！」我問：「那沒吃完的菜都是被丟掉嗎？」婆婆說：「對啊！吃不完就叫阿銀直接丟掉！」

婆婆習慣把剩菜直接丟棄。看著一條漂亮的白鯧魚沒有吃完要被丟棄，看著翠綠的蔬菜沒有吃完要被丟棄，看著好吃的打抛豬肉沒有吃完要被丟棄，雖然我覺得好浪費，但也不敢多嘴。我後來選擇慢慢吃，陪著較晚來吃飯的阿銀一起慢慢吃，盡量不要有剩菜，阿銀說：「我喜歡跟妳一起吃飯！妳吃飯慢慢的，我們也慢慢的把食物吃完！」

我跟媽媽提起公婆家的用餐狀況後，媽媽在我結婚的時候，特別跟我強調食物沒有變壞不可以丟掉。

我一直很珍惜食物，在孩子們小時候學會自己吃飯時，有時候還留有一些食物在碗裡，我都會編一些故事讓他們吃完，像是胡蘿蔔要跟剛才吃進去的排骨結婚、碗裡的飯是小瓢蟲點點想進去你的肚子裡溜滑梯等，這些用想像編織出來的故事，只是希望孩子可以開心的把碗裡的食物吃乾淨。感恩心，從陪著孩子感謝生活中涵養。

當他們大一點，學過食物鏈的概念，我跟他們說：「人類很幸運的在食物鏈中脫離了成爲食物的命運，但每一口食物在變成食物前，往往也都是生命，它們奉獻生命滋養我們的生命，所以我們要心懷感謝的吃食物、珍惜食物。」兒子們都記得要保有愛物、惜物的心。這份心，其實後來也影響到婆婆，婆婆跟我說：「我們以前那樣丟食物眞的有點浪費，後來我會準備少一點，盡量不要丟食物。」

每一口食物都是與萬物的連結

從網路上的資料查詢中發現，根據聯合國糧食及農業組織統計，二〇二一年全球飢餓人口已增至八．二八億，約占世界人口的十分之一，這麼多人在餓肚子，但全世界每年卻有三分之一的食物被浪費。據環保署統計，台灣每年浪費的廚餘用廚餘桶堆疊起來，高度相當於一萬三千五百座一〇一大樓，浪費情形非常嚴重。

現在的豐衣足食，並不保證永不匱乏。希望我們都能更愛惜食物，減少不必要的浪費，特別是這幾年學習正念，明白萬物相即的道理，所有食物都得來不易，我們每咀嚼一口食物都在跟地球產生連結，如果可以用更大的覺察來進食，練習用正念來進食，深入觀看食物，會發現我們的幸福快樂跟地球的一切緊密相連。

煮熟的芭樂，是媽媽從小就教會我愛物、惜物的好滋味，希望透過文字閱讀的你也能體會。

「感恩心，從陪著孩子感謝生活中涵養」

生活在不虞匱乏的現代，有時會讓我們誤以爲豐衣足食是理所當然，但萬物相即，所有的食物都得來不易，用餐時，可以練習覺察自身與地球的緊密連結，愛物、惜物。

不要等孩子長大後才想到要教他們感恩，而是陪著孩子，感謝每一天都是靠衆人的努力才得以讓生活順利。

一張接住我的安全網

年幼時，爸爸喜歡騎腳踏車帶我出門買東西，我也喜歡坐在爸爸腳踏車前面的桿子上，跟爸爸一起上街。

每一次到街上買東西，爸爸總是牽著我的手，沿路和熟識的攤商打招呼，有時候會買一些他們賣的水果、蔬菜、肉品等，有時候只是笑著說兩句話，就到下一個地方選購。

我總覺得爸爸跟什麼人都可以說上兩句話，是一件好奇妙的事，因為小時候的我不太敢跟別人說話，特別是當別人稱讚我長得很漂亮的時候，更讓我害羞的想躲起來，這時爸爸總是會笑嘻嘻的回：「哪裡漂亮？醜八怪一個！」

恐懼與不安，透過父親的手掌而被安撫

不確定那時是幾歲，只知道是我還能坐在腳踏車前桿的年紀。有一次我又跟爸爸上街買了滿滿的食物，我不記得買了些什麼，但當爸爸把所有選購的東西掛在腳踏車的龍頭上時，我覺得腳踏車好像變大很多。當我們要騎著腳踏車回家時，沒想到爸爸卻說：「小君，爸爸還要去買芭樂，你姊姊喜歡吃芭樂！妳在這邊等一下，爸爸買好芭樂就回來。」

原本我想跟爸爸去，但爸爸說：「我們買好的東西要有人看著啊！爸爸買好芭樂就回來，妳乖乖在這邊等！」當爸爸跟孩子說要乖乖時，就像是魔法師施展魔法，被施魔法的對象就眞的會變很乖。

「乖乖」是不是也曾經是你成長時期的魔法咒語呢？

原本我覺得爸爸只是去買芭樂，一定很快就會回來，但也許是我低估了買芭樂所需要的時間，或是我高估了自己可以等待的時間，等待的

煎熬隨著時間加劇，變成一股無形的重量，積壓成我無法承受的恐懼。

等著、等著，一直沒有看到買好芭樂的爸爸回來，我想去找爸爸，又想著答應了爸爸要看著東西。我一邊往市場走，一邊還回頭看腳踏車上的東西，走遠了一點又跑回腳踏車旁，就這樣來來回回在市場與腳踏車旁奔波，不但讓我的身體疲累，心情更是緊張與絕望。

我不敢不顧一切跑去找爸爸，又不願意老實的在腳踏車旁等著，越想越擔心與煩心，無法消化和忍受的情緒，都化作淚水從眼睛奪眶而出，滴滴答答的眼淚，開始失去控制。

當爸爸焦急的出現在我面前問：「小君，怎麼在哭，有人欺負妳嗎？」我還止不住眼淚抽抽噎噎說著：「沒、沒、沒有人欺負我，爸爸去買芭樂怎麼買這麼久？」爸爸摸了摸我的頭說：「沒有人欺負妳就好，爸爸買好芭樂回來了！我們回家吧！」

摸頭也是另一個神奇的魔法吧？當爸爸摸了摸我的頭，確定不是有人欺負我之後，我的心也跟著安定與穩定下來。

當孩子有情緒時，家長記得千萬不要再刺激孩子，**我們可以先讓自己安定下來，就能成爲穩定孩子的力量，孩子也會慢慢恢復平靜。**

家人如同安全網，擋住彼此的風雨

小時候應該沒有人敢欺負我，因爲我有兩個哥哥，一個姊姊。記得有一次輪到我要洗碗，我正要拿瓦斯爐上的鍋子來洗時，突然後面有一個人對我大叫一聲：「哇！」嚇得我差點把鍋子摔下來，回頭看原來是鄰居大哥哥，他不好意思的笑了笑就跑走了。

那一晚，我一直害怕背後會有人再出現嚇我，所以把要洗的碗筷拿到牆壁旁邊，我背靠著牆，坐在小板凳上，但即使已經靠著牆，我卻還是一邊洗盆裡的碗一邊往後看，被驚嚇的恐懼，讓我連厚實的牆也無法安心，深怕還有人會突然冒出來。所以不要嚇孩子，即使是小玩笑也有可能造成他們心理的陰影。

以前眷村的人不到睡覺時間不太會鎖門，鄰居總是會自由進出平常交好的人家。那位大哥哥本來想來找我哥哥們玩，只是哥哥們剛好都不在家，他可能也只是想嚇嚇我開個玩笑，卻沒想到把我嚇得花容失色。我把這件事跟哥哥們說，哥哥們很生氣跑去找他理論，後來那位大哥哥還跑來跟我道歉，讓我一直覺得有哥哥們眞好！

常常有人說「家是每個人的避風港」，當你在外面受到威脅、傷害、委屈、痛苦或難過的事情等，好像只要回到家，不安的心就會被接住，安定下來。

爸爸從小就教我們要相互照顧、彼此幫忙，強調我們是一家人，家人要團結才會有力量，爸爸這樣的做法，讓家不僅是一個避風港，還是一張安全網，更是身心養護所，**因爲在家，我們不僅是接受保護與照顧的人，當我們慢慢長大以後，都可以發揮自己的力量，爲家人付出與貢獻。**

小時候是哥哥姊姊陪我走路上學，等到妹妹弟弟也念小學了，是我陪著他們走路上學，在媽媽離家出走的日子，原先家事都是哥哥姊姊們在分擔，慢慢的我跟弟弟妹妹也接手做家事，我們家在爸爸的教導下，就像是一張家庭安全網，雖然媽媽那一塊偶爾會破掉，但其他的家人還是努力的撐住家。

用愛，培養孩子獨自面對挑戰的能力

常言道「窮人家的孩子早當家」，這是因爲忙於生計的父母，既沒有閒暇去煩惱孩子的課業，更沒有閒錢去負擔孩子要學什麼才藝，只能讓孩子看見努力生活的樣子，孩子自然也就學習在生活中勤奮努力。

現代社會比我成長的年代富裕許多，父母多是雙薪家庭，一個家庭只養育一兩個孩子，經濟狀況比從前好很多，卻出現一籮筐的教養問題，爲什麼會這樣呢？**養大一個孩子雖然需要很多錢，但除了錢，更需要的是健康的愛與生活能力的培養。**

我們從父母身上學習生活的基本樣貌——吃、喝、玩、樂、學習、工作、如何跟家人互動等，這些早年經驗塑造我們的人格底蘊，但現代的孩子生活裡只有讀書、補習、學才藝，甚至不知道芭樂、蘋果原來的樣子。

家庭，是最初孕育一個人的場所，要如何讓裡面流動的愛帶給每一位家人安全感、安心感，進而有勇氣去面對生命裡的課題和挑戰呢？這些是不是都比孩子的考試成績更重要呢？

帶著孩子好好體驗生活裡的酸甜苦辣，仔細感受各行各業對社會的付出和貢獻，懷著感恩心看待自己擁有的一切，也付出自己的能力服務社會，這會讓孩子成爲讓社會運轉更好的一員，生命也就完成了一代教養一代的傳承。

「只要回到家，不安的心就會被接住」

從小，家就像一座避風港爲我們遮風避雨，不論在外面受到什麼挫折，彷彿只要回到家，心就能安定下來。當我們漸漸長大，我們不再只是一味接受照顧，我們也有能力發揮自己的力量，撐住一個家，甚至讓社會變得更好。

如果你的原生家庭不夠完善，就接受這個缺憾，然後鼓勵自己，給孩子一個更健康安全的家。

大海，拜託不要吃掉我媽媽

小學三年級的清明連假期間，媽媽跟往常一樣帶著我們兄弟姊妹去中部的親戚家玩，不一樣的是，在假期結束前，爸爸先把哥哥姊姊們帶回家，假期結束後，媽媽沒有回家，反而帶著我跟還沒有讀書的妹妹弟弟到南部Ａ阿姨家借住，我也因此輟學了。

輟學又借住在別人家的生活，常常讓我感到惶惑不安，看著Ａ阿姨家的哥哥姊姊上學，我卻不能上學的失落感，也不知道可以跟誰說，唯一能讓我覺得開心的事，是借住的阿姨家離海邊很近，當媽媽帶著我們去海邊玩時，那大概是最自由與快樂的時光。只有到海邊玩，才會讓我忘記不能上學的壓力和痛苦。

忘不了母親在海浪裡的背影

有一天，媽媽帶我們到海邊玩，那天的天空，藍得像寶石一般閃亮，白亮亮的陽光不但把海水照得波光粼粼，還把沙灘曬得暖暖的，我和年幼的妹妹弟弟在沙灘上玩沙，偶爾跑到海水和沙灘的交界追逐浪花，再跑回沙灘上嘻笑。

我跟弟弟妹妹在沙灘與海浪間開心的又跑又跳，享受浪花伴隨著風吹來的淡淡鹹味。孩子只要能玩，往往不會再擔心其他事，能不能讀書的煩惱和無法解決的事，好像都隨著浪濤聲逐漸遠去。

來來去去的浪濤聲中，我突然聽到有人在尖叫：「不要再往前走了，這樣很危險，快回來！快回來！」是誰一直再往前走？又是誰有危險呢？我好奇的看向大海。

海浪裡有一個婦女的身影越變越小，那個婦女是誰？我往身邊左右張望，望不見媽媽，再往大海裡瞧，那個婦女不是別人，正是媽媽！

媽媽快回來！這樣好危險啊！媽媽快回來！妳快回來！

我不記得我有沒有吶喊出聲，因爲我一直不敢去回憶這一段過去，但我不會忘記，當時還不滿九歲的我，不跑也不跳，只呆呆的看著那個背影還要做什麼？媽媽，妳還要做什麼？

沙灘上的我不想玩也不敢移開視線，一直盯著媽媽的背影。當海浪打到媽媽的肩頭，她的身影突然晃了一下，我的心跳也像是停了一拍。

「媽媽妳快回來！」

「媽媽妳快回來！」

「媽媽妳快回來！」……

我在心裡吶喊了無數次「媽媽妳快回來」，這樣是不是就能發射心電感應給離我越來越遠的媽媽呢？

但她沒有回來，海浪不停拍打著媽媽的肩頭，她搖晃的身體甚至轉了九十度角。媽媽不再往海裡面走，而是跟海岸走成了平行的直線，媽媽整個人除了頭幾乎都會被一波又一波的海浪打到。這樣還是好危險啊！媽媽，妳可不可以快回來？

原本藍得像寶石的天空，隨著媽媽在海裡的時間越久，變得越來越灰暗。

看著媽媽的右肩被接連而來的海浪打溼，偶爾她的身體會晃動一下，偶爾媽媽像是整個人都泡在海裡，但她的雙腳還是不停的移動著步伐，我的心臟隨著媽媽的移動，一會兒狂亂顫動，一會兒又像是靜止了一樣，我好希望這一切都不是眞的，好希望海裡的人不是媽媽。

如果是媽媽，爲什麼她聽不到我心裡的呼喚呢？我不知道我還可以做什麼才能把媽媽從大海的浪頭中拉回來，於是我開始向大海祈求。

「大海，拜託不要吃掉我的媽媽！」

「大海，拜託不要吃掉我的媽媽！」

「大海，拜託不要吃掉我的媽媽！」……

恐懼使我緊閉起自己的心

不知道是媽媽收到了我的心電感應？還是大海聽見了我的祈求？原本跟海岸走成平行線的媽媽又轉了九十度角，終於慢慢往海岸方向走。

當媽媽像朵黑雲飄到我眼前時，她眼中的憂傷應該也反映著我的憂傷。回想起來，媽媽大概是看見被嚇到呆滯又無法動彈的我，想給我安慰，她馬上把憂傷的表情換成微微的笑臉說：「剛才的浪好大啊！」

「剛才的浪好大啊」是我在回憶中留了無數的淚水後，才想起媽媽跟我說的話，因爲那時的我像是被抽空情緒與記憶的孩子，沒有能力對外界做任何反應。

對於當時還不滿九歲的我，這場生命初始的驚濤駭浪，像是一個黑袋子，把我徹底包覆。從此，我變成不想說話、異常安靜的小孩。

「只有裂縫，才能讓黑暗透進光」

過去的創傷其實會深深影響我們往後的人生，也許當下我們看起來像沒事一樣，也許我們以爲自己已經走出來了，但它其實還藏在內心深處的一角，伺機影響現在的人生。

壓抑，不是解決事情的方式，更不能疏通情緒，想讓人生過得更自在，有時候必須去面對過去的痛苦；想穿越黑暗，就必須劃出裂縫，讓光可以透進來。

第二章

走上療癒之路

我們每一個人，都有自己的心湖，
當別人向我們的心湖投擲石塊，讓我們騾起漣漪，
我們要先靜下來，讓情緒恢復穩定了，
才能知道那個石塊對自己產生的影響，進而讓自己復原。

發現自己的創傷

當我第一次知道自己懷孕時，驚訝於生命的奇妙，也對於自己的子宮正在孕育小生命而感到驚喜，我體會到當一名母親的快樂和期盼。

雖然第一次懷孕的過程忙著復健、安胎，後來長子出生不久還被送去加護病房，我甚至出現產後憂鬱症，但初爲人母的我最終還是擺脫了各種困境，享受成爲一名母親並勇敢而堅定的選擇再生一胎。

兩個兒子相差兩歲三個月，跟他們一起相處時，我們總是沉浸在歡笑聲中，只是生活並非總是美妙的樂章，當孩子越來越大、越來越會爭寵與爭吵時，無法擺平的紛爭與關不掉的吵鬧聲，像是觸動了我內心深埋的警報，讓我的理智線突然徹底斷裂。

失控的情緒意外開啟潘朵拉的盒子

一天，我在廚房裡忙，本來在客廳裡玩的兩個幼子突然吵了起來，吵著吵著吵到廚房想找我評理，也許忙著家務的我已經太過疲累，跟他們說理說不清，自己的情緒也瀕臨爆炸，我不但無法擺平他們的紛爭，也無法安撫自己的情緒，竟衝動的說：「媽媽去跳樓好了！這樣你們就可以一人分一半的媽媽！」說完我就往樓上跑，還沒走到樓梯口，兩個還沒上學的兒子追上來抱住我的腿哭，我也身心俱疲的哭，三個人坐在地上，抱在一起哭到筋疲力竭，結束了這場鬧劇。

年幼的孩子很早就睡了，夜深人靜時我思索著自己到底怎麼了？平常我跟孩子們相處得很愉快，但當他們越長越大、越來越會表達意見時，經常容易發生爭執。我要他們在發生爭執時跟我說，但爭執最後往往會演變成爭寵，而我只有一個人，無法同時滿足兩個幼子，因此才衝動的說要讓他們一人分一半，但這樣做並不能解決事情！我爲什麼會脫口說出這樣的話呢？想著想著，想到童年時媽媽不在家的日子，原來我只是想讓孩子也感受沒有媽媽在家的滋味嗎？

有一次跟姊姊聊天時，我說起了幼子爭吵的事，電話那一頭的姊姊問：「妳怎麼會想去跳樓呢？」我說：「可能是心理不平衡想要報復吧！報復小時候媽媽離家出走，失去媽媽的痛苦！」姊姊輕輕的嘆了一口氣說：「小君，妳就是太好命了，不知道不受寵的滋味，像我小時候常常被打被罵，我都告訴自己一定要好好愛孩子！」

「一定要好好愛孩子」——姊姊說的話不停在我心裡迴響，我很愛我的孩子，甚至很多人不理解，我爲什麼以當時碩士的高學歷離開職場，回家帶孩子，但我卻覺得陪孩子成長勝過一切，那爲什麼我會想用毀滅自己來報復孩子呢？我還不知道確切的原因，但每當我在情緒上出現劇烈波動時，我都盡量提醒自己靜下來，想一下。

看著孩子逐漸成長，也慢慢讓我回想起小時候的事。姊姊口中那個受寵又好命的小孩，是我對童年最先浮出的印象（詳情可參看我的《剛剛好的管教》〈如果命中注定，又何須算命？〉）。

我也想起媽媽的反覆離家，甚至想起我們跟媽媽在外面漂泊的歷程，雖然回想起來覺得痛苦，但我想把事情弄清楚，想問當初媽媽爲什麼沒有帶我們回家，反而決定往南部跑？

搬新家後因爲有足夠的房間，媽媽常常來我們家小住。有一次媽媽來我們家小住，聊天時我問：「媽媽，那一年清明節回姨婆家，假期結束後，爲什麼沒有帶我們回家，而是去南部A阿姨家呢？」媽媽淡淡的說：「那時我想跟妳爸爸離婚，但想著還有六個孩子，於是就想一人帶三個，他一個大男人，帶三個大的比較容易，我帶你們三個小的。」媽媽說到這，停止了對話，我也沒有再追問。我們都知道那段歲月過得不好，好在談話那時我們已經生活的不錯了！

原來那時媽媽想跟爸爸離婚。離婚，這兩個關鍵字，像是打開了潘朵拉的盒子。

透過文字梳理內在，面對創傷的自己

大一念中文系時，有一位教授說：「你們現在還寫不出好文章，是因為你們的人生還沒有遇過大悲、大痛、大困惑！」

從青春期開始用文字安定內心的我，那時對教授說的話懵懵懂懂。我雖然喜歡抒寫但卻不是持續在寫，直到前幾年孩子比較大了，我開始在臉書上比較密集的貼文，想用文字梳理自己的過去，沒想到也因此被邀請撰寫親子專欄。

很慶幸六年前我受邀開始寫教養專欄，為了要給讀者更多更好的教養觀點與做法，我不但回想自己的生命歷程也大量閱讀相關書籍。在閱讀心理學和腦神經科學的書後，我慢慢去回憶童年，尤其在看過美國家族治療先驅維琴尼亞．薩提爾（Virginia Satir）所寫的《家庭如何塑造人》（*Peoplemaking*）後，更讓我明白童年經歷對一個人的深遠影響。

回想那次幼子爭吵的事件，雖然那段時間母親反覆離家的回憶總是浮現出來，但爲什麼我會想用毀滅自己來報復孩子呢？難道我眞的只是想讓孩子體驗失去媽媽的痛苦嗎？我那麼愛我的孩子，我怎麼會想讓他們失去媽媽呢？

一開始想起媽媽離家出走的事情時，我其實不敢去細想，因爲一旦深入回想，痛苦的情緒總是如海嘯般將我淹沒，我無法承受住情緒上的衝擊。即便我現在寫這些回憶，往往也是淚水跟手指一起敲打著文字。

直到這些年，讀到《第一本複雜性創傷後壓力症候群自我療癒聖經》（*Complex PTSD: From Surviving to Thriving*），才了解那些經歷造成了創傷後壓力症候群。每一次回憶帶來的巨大痛苦都像是再一次經歷當時的感覺，我也明白了這只是「情緒重現」。

「情緒重現」是很痛苦的歷程，創傷發生的當下，我們什麼事都不能做，但現在的我們可以保障自己安全。**遇上那些事並不是我們的錯，我們現在有能力照顧自己、做自己想做的事、過自己想過的生活。**

強烈的情緒重現讓我把當初壓抑的淚水如海浪般宣洩出來，把過往化膿的傷疤清洗乾淨，也才慢慢有勇氣去回想媽媽反覆的離家出走，也才想起原來自己小學三年級時，曾經跟著媽媽和弟弟妹妹在外面居無定所。

原來我一直把自己關起來

媽媽一直往大海走的記憶太過驚恐，那時面對媽媽隨時可能被海浪捲走的巨大恐懼，導致媽媽走到我眼前，我呈現出呆滯與失神，這是年幼的我啟動了「解離」的保護機制。

心理學中的解離是理解心理創傷的核心概念，法國精神科醫師皮埃爾．讓內（Pierre Janet）在十九世紀末第一次將解離清楚定義，即當一個人遇上具有衝擊性又痛苦萬分的經驗時，爲了從意識中排出那份痛苦，便會發生人格分離的現象。

當我們面對危機或衝擊時，一般會用戰、逃、僵、討好等四種類型來應對，而在過往的經驗中，我總是在僵住後，選擇逃。在《第一本複雜性創傷後壓力症候群自我療癒聖經》書上寫著：「僵反應，又稱爲保護色反應，常使倖存者躲藏、隔離和逃避與他人接觸。僵類型可以退避成開關似乎卡在『關』的狀態。」「解離讓僵類型者能切斷遺棄的痛苦經驗，並保護他們遠離有風險的、任何可能會引起再度受創感受的社交活動。」

我出現的是右腦解離，也就是僵反應，有些人在出現巨大創傷時也會出現戰、逃、僵、討好等四種類型混合應對，這需要自己靜下來去回想自己的狀況和應對經驗，才能在分析後進行改變與療癒。

在那次創傷經驗之後，我對去海邊玩充滿恐懼，甚至常出現一個人默默發呆不願意跟大家一起玩的狀況。我拚命想忘記關於媽媽一直往海裡走的事，甚至騙自己根本就沒有這件事，結果被冰封的記憶不是不曾發生，只是被我藏起來了，壓抑的情緒反而讓我在人際交往上一直保持冰冷與疏離。

逃，總是在逃的我，只要覺得不安全就逃。

學了很多心理學和腦神經科學的知識後，我曾經很愼重的跟兩個兒子道歉，承認媽媽以前不成熟想去跳樓的舉動傷害到他們，因爲我雖然很愛孩子，不打不罵孩子，很認眞聽孩子說話和他們對話，但我想傷害自己的行爲確實也傷害了他們。因爲很眞誠的跟兒子們道歉，也跟孩子們分享自己的心路歷程，並且努力學習做好孩子們的榜樣，我們才能成爲感情親暱，但行動卻可以保持獨立的健康親子關係。

「用現在安全的自己，去解救曾經困住的自己」

遭遇創傷的當下，我們可能無力阻止或反抗，但那都不是我們的錯，現在的我們有足夠的能力保護自己。不要否定自己，也不用害怕面對過去，正視自己的傷才能解救卡住的自己，過更好的生活。

當回憶帶來痛苦時不能不作爲，不能讓痛苦把自己吞噬，要告訴自己，「我現在是安全的，我有能力照顧好自己、做自己想做的事」，才能賦予自己新的力量和勇氣。

直面過去的人生，拒當逃兵

前幾年在整理妹妹從娘家帶給我的東西時，除了發現很多各報社匯來的稿費單據，其中竟然還有一封二〇〇〇年寄來邀請出書的信件。

我竟然完全想不起來這件事，二十幾年前出版社找我出書時，我爲什麼沒有接受呢？我在逃。

年輕時用文字記錄與發表心情是希望自己被別人看見，但是當別人眞的看見我時，我卻害怕了。當我不安全感的警鈴大作時，我只能逃走，躲起來，暫時斷絕跟外界的接觸，所以我反覆在做文字上的逃兵。

這一次我不逃了，而是選擇直面自己過去的人生，用大量的閱讀與寫作，帶我走上療癒之路。

回憶很痛，但也能讓人更勇敢

海邊驚魂的回憶還是會像大浪一樣向現在的我打來，雖然很痛、很痛，痛得我常常撕心裂肺的泣不成聲，但我也一次又一次變得比以前更勇敢，這就是療癒的力量。

當你以爲自己不夠好、不配得到愛與照顧，當你覺得自己沒價值、沒動力，隨時充滿憤怒或悲傷、總是把重要的關係弄得一塌糊塗時，請不要急著以爲自己有憂鬱症、躁鬱症，或是任何其他的身心疾病，你可能只是卡在童年的創傷中而不自知。

受到創傷並不是你的錯，甚至有些事也不是大人故意要傷害你。一如我的母親當初在海邊從憂傷轉爲微笑的臉，雖然勉強，但母親的那個轉變在我心裡產生奇妙的影響。

她往海裡走去，可能想傷害自己，但當她選擇從海裡回來，代表她並不想傷害孩子，所以當她看見我的驚恐，想用微笑讓我覺得沒事。那笑，是愛，是一位母親在絕望中還擁有的愛，愛著孩子。

你跟母親有過這麼痛苦又恐懼的經歷嗎？如果有，我相信你可能也會希望趕快把這些事忘掉，最好能直接從記憶中刪除吧？就像我一樣，希望那件事不曾發生。

越是痛苦的事，我們越是想忘記，以爲不去想就會好起來，但這樣反而讓我們更不能從創傷中痊癒。

那時看著媽媽被一波又一波的海浪險些吞噬的畫面，雖然我當時無能爲力，但還好媽媽仍平安的走回來了！這讓我相信媽媽不但收到了我的心電感應，大海也應允了我的祈求，沒有吃掉我的媽媽。

當時的我一方面焦慮又恐懼，一方面又覺得感恩與幸運，這樣複雜又矛盾的心理，也是我後來成長歷程的寫照。

每個人的人生都不容易，都不是黑與白這兩種單純的色調。人生道路上，我們常常會出現複雜，甚至相互矛盾與衝突的思緒，而路會怎麼走呢？往往端看你選擇什麼做你價值觀的基調。

小時候鄰居的阿姨叔叔們總是對我說：「妳是你們家最漂亮的小孩，妳爸最疼妳！」「漂亮」與「疼愛」讓我充滿感恩與惜福，也讓我選擇以此當價值觀的基調，就像是在大海裡抓到的浮木，所以即使遭遇挫折，我也不至於讓自己迷失。

以前我不明白自己爲什麼常常覺得憂傷，也不知道爲什麼自己總是在生病，「病西施」、「林黛玉」等稱號跟著我整個青春世代，我甚至覺得自己要像櫻花一樣，在最美的時候就凋謝。

還好，我沒有凋謝。

雖然前半段的人生路充滿迷霧，但現在的我，有勇氣去霧裡找出年幼而不懂事的自己，告訴她：「那些時候妳辛苦了！會發生這些事都不是妳的錯，妳很勇敢的繼續走在人生的路上，才讓現在的我覺得人生很不錯！」

有些傷害不是別人故意要傷害你，雖然那時你也沒有拒絕的能力，但這絕對不是你的錯。

喚醒自己，走上療癒之路

心理的傷比身體的傷更難察覺。即便是現在，我也常常會陷入莫名的憂傷中，覺得心裡隱隱作痛，這時我會掃描一下自己的身體狀況，然後看回憶要把我帶到哪裡去，因爲我知道我的傷口還沒有痊癒，還需要更多的淚滴來清洗，但每清洗一次，我就向更健康的自己邁進一步。

其實九歲時的我還不知道什麼是自殺，我也沒有問過媽媽那時候是不是想死？但我聽過有些朋友也曾經遇過類似的故事，媽媽帶著年幼的孩子往海裡走，還好沒有走到陰間，最後還是走回了人間。

如果媽媽那時候沒有回來呢？我根本不敢去想這個如果，所以我寧願相信是媽媽聽到了我的心電感應，也是大海對我的應允。如果這個世界有阿拉丁神燈，我希望不再有卡住的媽媽，會在孩子面前選擇輕生。

發生創傷不是你的錯，但讓自己痊癒是你的責任。

這幾年心理學漸漸普及，大家也開始重視心理健康，這是一個好現象。在開始寫教養文章後，原本我只分享自己覺得生命中好的、重要的，但越將過往的生命歷程抽絲剝繭，才讓埋得很深很深的傷痕浮現。

很慶幸我已經走在療癒的路上，可以用更慈悲與謙卑的態度去解讀過去，把困在童年中驚恐的自己喚醒，讓自己產生全新的感受，變成更好的人，也有更多的勇氣去面對未知的生命旅程。

再微小的光，也能照亮生命中的黑暗

我們每一個人，都是小小的螢火蟲，只有渺小又微弱的螢光，但當大家聚在一起，不但光亮自己，也可以照亮彼此。

一個人，走得快；一群人，走得遠。這是一個共同參與的世代，每個人都可以爲自己所在乎的事，做些什麼。你的參與和付出，可以讓世界，更接近你所想像的、美好的樣貌。

重視你的心理健康，要一如重視你的身體健康。讓生命靈動起來，生命的鮮活與延伸，往往在起心動念後的執行力。

希望我把「感恩」和「惜福」的浮木抱上岸，種在土裡，有機會看見它長成巨樹，把感恩和惜福的善念傳遞出去，給這個世間更多的眞誠、善良與美好。生命眞的有無限可能，只要你不對自己設限，讓我們都努力的向上、向善，邁向更好的自己，義無反顧的前進。

「受傷不是我們的錯，但好起來卻是我們自己的責任」

回憶過去的創傷也許會很痛，但每一次直面傷痛，都會讓自己更勇敢，不要只是一味逃避或刻意遺忘，我們有責任讓自己好起來，義無反顧的邁向更好的自己。

用新的眼光去解讀過去的回憶，因爲我們已經在歲月的淘洗中變得比以前更成熟和睿智，外在的人事物也許會對我們造成傷害，但我們應該學會療癒自己。雖然嚴重的創傷不會那麼容易痊癒，但每清洗一次，就向更健康的自己邁進一步。

靜的力量

靜下來。**靜下來，我們才知道自己有什麼，也才能發現自己缺什麼。**

一片湖泊鑲嵌在大自然裡，就像是一面鏡子，澄淨的湖水，不但能讓人看見湖裡的生意盎然，也可以顯現湖畔的風光。如果，有人向湖泊投擲了石塊，讓湖泊激起漣漪，打亂了這一片靜謐的風景，這時跑去質問投石塊的人，對湖泊並沒有幫助，只有等湖泊靜下來，才能看清楚石塊的樣貌，同時再度映照湖畔的一景一物。

我們每一個人，都有自己的心湖，當別人向我們的心湖投擲石塊，讓我們驟起漣漪，我們要先靜下來，讓情緒恢復穩定了，才能知道那個石塊對自己產生的影響，進而讓自己復原。這就是靜的力量。

懂得靜定的父母，才能眞正鼓舞孩子

我的父母都算是很安靜的人，他們身上往往也顯現出靜的力量。

小時候我們家沒有閒錢可以買課外書，但父親爲了鼓勵我們多讀書，卻願意出獎學金獎勵我們在學業成績上有好表現。

人本主義的現代很排斥用獎勵方式鼓勵孩子念書，我身爲出版多本暢銷親子教養書的作者，卻不反對健康又可行的獎勵制度，爲什麼呢？

因爲獎勵制度只是一種工具，一種中性的工具。現在大家詬病用獎勵制度鼓勵孩子讀書，不一定是制度有問題，而是使用制度的人在心態上可能不夠正確與成熟。

爸爸的獎勵制度很簡單，月考考第一名時會發五百元的獎金，考第二名時發三百元，考第三名時發兩百元。在當時我們過年紅包都只有兩百元的年代，那是一筆不小的獎學金。

當我們成績達到爸爸發放獎學金的門檻時，爸爸會很開心的發獎金給我們，但若是成績沒有達標時，會怎麼樣呢？我們會被打被罵或是被羞辱嗎？答案是都不會。

小時候念書是我們自己的事情，父親只鼓勵我們多讀書、制定了發放獎金的制度，他卻從沒有過問我們怎麼安排讀書計畫，甚至也沒有看過我們的回家作業。

印象中，我在小學時拿過幾次獎學金，國一時是我學生生涯成績最好的時候，那時大概每次月考都在前三名，也因此在國二時，我被編入了女生特優班。進了特優班，大家都是很會讀書的孩子，我再也沒有擠進過前三名，但父親也不會說什麼，更不會因此奚落或責罰我。

高中聯考放榜，我考進第一志願，但之後好像也沒有再考過前三名，而父親依然靜靜的支持我好好讀書。以前跟爸爸領獎學金的經驗很美好，美好到我也在自己的家庭裡實踐，同樣只是訂定制度，卻不會用制度來誇讚孩子或貶抑孩子。

獎勵制度是一種中性的存在，可以用來做爲鼓勵孩子的一種手段，只要注意以下事項：

1. 不要用不合理的獎勵欺騙孩子。
2. 不要用嘲諷或處罰的方式，對待達不到獎勵的孩子。
3. 不要用超額獎勵來浮誇孩子的表現。
4. 不要讓孩子有獎勵才肯讀書，而是藉由獎勵讓孩子發現爲自己讀書的美好。
5. 要用確實可行的獎勵鼓勵孩子。

其實家庭裡有明確合理又可行的獎勵制度，對親子都有鼓舞的作用。就像藉由小小的獎勵，鼓勵孩子進步與增加自信心，等孩子逐漸相信自己有能力了，即便日後沒有獎勵也會爲自己努力，而之前領取獎勵的經驗也會變成日後美好的回憶。

就像我的兩個兒子，在小學階段開始領取家庭裡的獎學金，也領取外面的獎學金，一路領獎金到進入國中、高中、大學，漸漸養成即使沒有外部獎勵，也會自我鼓舞與要求的穩健性格。

只要記得給孩子的獎勵制度，是用善給愛，而不是在達不到時給予處罰。

媽媽不在的日子，父親是凝聚家人的力量

父親是我成長時期，家裡安靜又穩定的力量。

有一次跟妹妹聊天時談起父親，她說：「我都還記得媽媽跑出去的時候，有人來要我跟弟弟，但爸爸說什麼也不願意。我好感謝老爸沒有把我跟弟弟給別人。不管生活多辛苦，他都把我們留在身邊養大了！」

想起小時候有人來要妹妹弟弟去養的事，那是他們都還沒有上學的年紀，讀小學三年級的我也還搞不清楚狀況。後來我想起，爸爸曾用筷

子告訴我們團結的重要，他說我們六個兄弟姊妹團結起來，一定會有強大的力量。

媽媽不在家的日子，忙著工作的父親進進出出。父親會在中午回家煮飯給我們吃，然後再把門鎖上回工廠上班，我跟妹妹弟弟在家裡玩，等哥哥姊姊放學回家。現在回想起來，我都還記得我們在蘋果綠的窗戶和窗框裡，看著爸爸從家門走出去，騎上腳踏車然後在眼前消失，爸爸走後我們三個小孩就開始玩。

現在回想起來，總會忍不住流淚，但還好那時的我們還不知道什麼是傷心或害怕，我們三個小小孩就互相作伴，伴過了父母都不在家的時光。如果那時的我們都只會吵吵鬧鬧的，爸爸能夠放我們自己在家嗎？

靜，有一種安定人心的魔力。

妹妹是一個腦筋裡藏著很多五花八門想法的孩子，在那些等著哥哥姊姊放學的時光中，我們如果沒有去睡覺，大多時間都是聽著妹妹說著她想出來的故事、玩著她想出來的遊戲。

靜下來，心就能安定

前些時日跟讀高一的幼子聊天時，說起自己人生的經驗，他說：「每次妳說『以你們現在的年紀還不懂，沒有關係』時，我都會覺得很不爽！」

我問：「爲什麼呢？」

他說：「因爲好像妳比較厲害而我智能不足似的！」

我說：「不是你的智能不足，只是生活經驗不夠！就像阿公說我們現在不能體會他們動作要慢一點，我確實還不能體會八十幾歲的感受啊！那你覺得媽媽要怎麼說，你才不會覺得不爽呢？」

他說：「我也不知道啊！」

孩子還不知道也沒有關係，至少他肯說，也許下次可以換個方式說，用更好的方式傳遞心中的愛與關懷，這是父母可以學習的事。

青少年常常覺得不爽，其實是一件很正常的事，這種不爽，表示外界跟自己不協調，這大概有兩種狀況，其一也許是外界觸碰到了他的界線，讓他感受到被侵擾的不舒服，如被窺探隱私等；其二也許是自己的能力與表現，沒有達到他這年紀該有的標準，如功課沒寫、該做的事沒做等，因爲自我管理與自律不足而被糾正，所以從羞愧轉爲生氣。

這兩個最大的區別在於，一個是外面越界，一個是自我要求與達成率不夠。但要怎麼區分這兩者呢？只有靜下來，沉澱後才能好好思考與分辨差異。

如美國著名神學家雷茵霍爾德．尼布爾（Reinhold Niebuhr）所寫的〈寧靜禱文〉（*The Serenity Prayer*）：「親愛的神啊，請賜我寧靜之心，去接受我無法改變的一切；請賜我勇氣，去改變我能改變的事；並請賜我智慧，能分辨二者的差異。」

青春期的孩子不容易靜下來，但父母可以先安靜下來。**安定的父母，才能成爲穩定孩子的力量。**

父母可以當一面寧靜的湖泊，如實的接納與呈現孩子的樣貌，那我們的愛，就能成爲孩子好好展現與發展自我的力量。

「父母先安定，才能讓孩子學習靜下來」

每個人都會受到外界的侵擾，影響自己的內心，此時唯有先讓自己沉靜下來，才能看清不安的原因，進而讓自己復原。孩子也是一樣，身為父母，更須讓自己安靜平穩，才能感染孩子，讓他們也跟著穩定下來，從中學會控制並管理自己。

特別是現在孩子受3C影響甚鉅，父母要讓家裡有不插電的時間，引導孩子說出內心話或是練習靜心與沉思，陪著孩子感受安靜的力量。

生命會自己找到出路

院子裡的玫瑰花開了！每次看見玫瑰花，都會讓我想起喜歡玫瑰花的媽媽。

媽媽的綠手指，讓家充滿生機

眷村的家有一個小院子。常常聽父親說，以前院子裡種的葡萄藤，慢慢攀爬到棚架上，然後依序開了花，花朵漸漸變成一串串結實累累的葡萄，葡萄在陽光的滋養下變得可口。我都只能用想像去補足那些我來不及看到或記不得的畫面。

媽媽有一雙綠手指，只要是她想種的，不論是什麼，往往總是豐收。滿園的小黃瓜讓我們吃都吃不完，越長越多的絲瓜常常也讓我們有用不完的菜瓜布，我對這些吃的東西比較不感興趣，當媽媽開始種花時，我才覺得家裡的院子眞正的熱鬧起來。

記憶中，院子裡曾開滿了菊花，是比淡紫色再紫一點的菊花。數大便是美，也許是印象中一片紫色菊花太美，美到我開始不自覺的喜歡上紫色。

也許是爸爸退休領了退休金，也許是兄長們開始工作增加了家裡的生產力，爸爸找了幾位蓋房子的師傅，將家裡院子的鐵絲網拆除，把泥土變成水泥，把原本用來區隔的籬笆，變成了磚塊水泥砌成的堅固邊牆。我既高興家裡的空間變得更寬敞與安全，卻也失落於家裡充滿生機的院子好像不見了！

但媽媽就是有辦法，讓家裡再度鮮活起來、充滿生命力。

找尋生路是萬物的天性

媽媽在山上撿到一顆球莖，帶回家裡種了好幾年，每年只看見葉子長得厚實飽滿，卻不知道這盆植物到底是什麼，不記得是哪一年，那盆植物終於開出鮮橘色的花，花朵長得有點像是水仙但不是水仙，長大後我們才知道是孤挺花。

家裡還有不知道是從哪裡帶回來種的薄荷，爸爸很喜歡薄荷的氣味，總是在泡茶的時候也加一點薄荷進去，增添香氣。我最喜歡的是媽媽買回來的一盆粉紅色玫瑰花，花朵間飄散著淡淡的香氣，像是稀釋過的淺酒香，聞著聞著，就讓人微醺。

神奇的是，媽媽像是對那一盆玫瑰花施了魔法，開始變成兩盆，然後變出三盆，多到還可以送給跟媽媽要玫瑰花去種的阿姨們。媽媽說：「玫瑰花喜歡曬太陽，有太陽曬的地方玫瑰就長得比較好。要移植時，可以在中秋節過後或是春天的時候，其他時候移植比較養不活。」

我記得媽媽的交代，在春天時也在自己的花園裡，種上一株新鮮的粉紅玫瑰。一年、兩年、三年、四年，年年開花與長高的玫瑰，最高時超過兩公尺。我曾經擔心玫瑰長太高會不會被折斷，沒想到還沒等玫瑰長高，就被後來孩子們種的百香果斷絕了活路。

積極找著生路的百香果，爬上鍛造花窗框後，長勢居然一發不可收拾，阻斷了粉紅玫瑰花的生長空間，過沒多久，原本還開著花、綠意盎然的百花果，瞬間也全面枯萎，就像是染了一場怪病似的一命嗚呼。

我到底是哪裡沒有照顧好呢？讓玫瑰花和百香果雙雙夭折？後來我才想起來，當初園藝老闆娘曾說：「百香果的壽命大概是五年。」五年，那時覺得還很長，現在沒想到這麼短暫。

生命被堵住後，會想辦法走出另一條路

「生命會自己找出路」，眞的了解這句話是在婆婆罹癌動手術時。先生在婆婆手術完平安回家後說：「醫生說媽媽下肢靜脈有一個大腫瘤，旁邊還長出好多細小的血管。」婆婆當初是進行全胃切除手術，也切除了一部分發現癌細胞的肝臟，至於下肢靜脈的腫瘤，因爲位置太危險而沒有做處理，但被腫瘤影響的靜脈長出新的細小血管，是爲了疏通吧？

我想著，**一條路不通了，生命卻不會在這裡就卡住，而是會想盡辦法開通不同的路出來**。捨棄舊的、發展新的，需要勇氣和力量。你的路，曾經被卡住嗎？

媽媽當初是在家裡覺得活不下去了，才選擇離開家的吧？

因爲曾經跟媽媽在外面流浪過，所以知道居無定所、食不按時的生

活很不安定、很辛苦，但媽媽自己跑出去後，每次回家都看起來容光煥發，還會買好多新奇好吃的食物，表示她自己在外面工作生活得也不錯，這讓我對媽媽離家的情緒變得矛盾又複雜。

媽媽說爸爸把她當成女兒在管，不准她穿裙子、不准打扮。媽媽的少女心被壓抑了十幾年，在往後的歲月，她持續釋放著當初被壓抑的少女心。

跟姊妹們在整理媽媽遺物時，我們往往會驚訝媽媽的這副耳環好漂亮、這件旗袍眞好看，這裙子的樣式根本是少女的款式等。

媽媽喜歡買漂亮的東西收藏，她甚至說過就算只是放著，看了也覺得開心，她只是想滿足年輕時沒有辦法追求漂亮的心吧？

遭遇十字路口時，不要被誘惑引入歧途

大學畢業時，我有一陣子跟妹妹一起工作。因爲她當羊奶業務員時業績太優秀，有各種不同性質的業務單位想挖角她，於是我們選了具有挑戰性的電梯業務嘗試，沒想到當初挖角她的經理離職了，但我們還是被新來的副總同時錄取。

那段當電梯業務的日子充滿了冒險和趣味。但那位副總很奇怪，對我出奇的好，對妹妹卻很挑剔又嚴苛，常常刁難她卻總是讚美我，我們姊妹常常懷疑他是不是有人格分裂，因爲他對我們天堂與地獄般的差別態度，實在很不可思議。

生命會自己找出路。我們在跑業務的過程中也被不同的公司挖角，妹妹後來換到了自己喜歡的房地產工作，我則是一個人繼續擔任電梯業務，沒想到卻被業務往來的其他公司主管騷擾，再加上後來副總離職換

了一位新主管，那位新主管也常常跟我說一些亂七八糟的話，於是過不久我也轉換跑道，選擇挖角我的一家建設公司，開始學習賣房子。

從現在的角度去看那段歷程，其實那是充滿性騷擾的職場，因爲那時沒有《性騷擾防治法》，我被迫每天聽著新主管說些讓人不舒服的話，最後選擇離開。在上個世紀的職場，對女性有很多不友善的對待或是不安好心的誘惑，如果年輕女孩不懂得分辨或是拒絕，很容易就掉入陷阱中。

剛從學校畢業的那幾年，年輕女孩子在職場上，很容易因別人大獻殷勤而混淆價值觀。現在回頭看，那些別有用心的已婚男士，應該也是覺得剛出社會的年輕女孩很好擺弄，所以常騷擾她們。

生命在找尋出口時，請不要被物質或金錢所引誘。需要錢，就靠自己的才智賺取，才可以花得心安理得、昂首挺立。媽媽曾經跟我說過：「不要隨便接受異性的禮物，這會讓妳欠下感情債！」這句話讓我一直謹記跟異性保持適當的距離。

在這個漸漸笑貧不笑娼的年代裡，如果你有女兒，一定要好好跟女兒分析，不要在年華正好的時候，只追求外表的美麗，一定要培養自己冷靜和分析的能力，才不會變成別人可以輕易戲弄的對象。爲了物質享受而寧願淪爲別人的第三者，並不是年輕貌美的女孩該選擇的出路，因爲永遠會有更年輕貌美的女孩取代妳，我們應該要在年輕時認眞學習與精進實力。

玫瑰雖然不能長成喬木，但靠著自己努力，不管是在陽光燦爛的順境，還是歷經風雨的逆境，仍然可以靠著毅力，開出美麗又璀璨的生命之花。

願每一個生命在找尋出口時，持續保持向上、向善的動力，即便上坡有時眞的很辛苦，但卻比踏上不歸路，更安全又踏實。

「轉彎，會開展新的方向與視野」

一條路不通了，生命會想盡辦法開通不同的路，不要害怕改變。

當我們在人生中遭遇逆境或困難時，不要急著放棄，生命會自己找到出路，只要保持向上、向善的信念，即使上坡的路再難，也會有苦盡甘來、尋到出口的一天。

青春總有消逝的時候，但保持學習的心，卻讓我們不老。

第三章

傳承父母的愛

思念遠行的親人雖然難免心痛落淚，
但希望在這些淚滴的清洗過後，
能喚醒曾經被好好愛過的感覺，
讓這種被好好愛過的感覺，延續與傳遞。

儘管時空變換，但愛會永存

當家裡的彩色電視開始播放節目，那是爸爸在一排十幾戶人家中很驕傲的時刻吧？因爲這是大家看到的第一台彩色電視機。

在這之前，很多家庭有黑白電視，哥哥們常常蹲在我們家和隔壁鄰居家之間的矮牆上，隔著窗戶跟著鄰居一起看電視。

以前一直想不通，那小小的方盒子，怎麼裝得進去這麼多的人和東西？有時候看見廣告上出現喜歡的東西，爸爸還會開玩笑的說：「妳伸手去抓一個！」

網路發達，改變了人們的生活方式

幼子在讀高一時曾經問：「媽媽，你們以前沒有網路，晚上都在做什麼呢？」我說：「小時候寫完功課就跑出去外面玩啊！玩躲貓貓、藏拖鞋、踢罐子或是聊天說話等，直到我們家買了彩色電視，我們有時候會在家看電視，有時候還是會到外面玩遊戲，不過八、九點就會回家洗澡睡覺，以前我們都很早就睡了！」

孩子們無法想像電視會有節目播畢的時候，當天的節目播畢，原本的彩色電視就會出現黑白的閃動畫面，嗶啦嗶啦的聲音和影像，就像是告訴觀看的人們，該休息了！

以前的人該休息的時候就會休息，但現在網路二十四小時不斷線，有多少人整天掛在網路上不休息呢？現代人，難道都不需要休息嗎？

有了網際網路之後，很多人都不用家用電話打電話了，也不看電視了！有朋友說，他青春期的孩子跟同學一整天都在講網路電話，反正不用額外付費，大家在暑假期間都整天掛在線上，不下線。

孩子不斷線的生活，卻可能讓父母的理智斷線。親子之間平常就要保持對談與傾聽的熱線，而不要變成無法交流的平行線。

社會上有幾則激烈的新聞，是孩子整天玩手機讓父母瘋狂，父母把孩子的手機沒收，孩子卻選擇輕生。希望大家都不要用這麼悲慘的方式寫生命故事，應該用心跟家人產生實體互動和連結，不要在孩子還不成熟時提供個人手機。

全家一起看電視的情景，只存在記憶中

童年時的彩色電視帶給我們很多歡樂，但是也免不了造成很多衝

突。當哥哥們要看卡通《無敵鐵金剛》時，我們姊妹想看《小甜甜》；當我們姊妹想看影集《傲慢與偏見》時，哥哥們要看介紹科學新知的《柯先生與紀小姐》；當爸爸想看平劇時，媽媽想看歌仔戲。

那時我不明白，爲什麼男生和女生想看的節目總是不一樣？爲什麼每次都是先看哥哥們或爸爸想看的節目？爲什麼我們總是不能想看什麼節目就看什麼節目呢？小時候有好多好多的爲什麼，都沒有答案。

哥哥們陸續當兵，父母分居，弟弟妹妹跟媽媽搬去新房子住，家裡剩下我跟姊姊陪著爸爸，我們好像不再需要搶電視了。之後我念大學住在宿舍裡，更是沒有機會和家人一起看電視，一起看電視的記憶就停在小時候，不再有新增的印象。

以前一家人守著一台電視機，雖然會因爲想看的節目不同而爭執，但大家還是會聚在一起看電視、聊天、說話，特別是過往逢年過節會有特別節目，或是有頒獎典禮等重要節目，大家就會一起守著電視觀看，那就像是家人歡聚的高潮時刻。

後來經濟慢慢富裕，很多家庭開始買第二台，甚至第三台電視機，人們開始躲在自己的房間裡看自己的節目，現在全家一起看電視，好像也變成很難得的活動。經濟富裕後，家人的情感交流卻變得貧瘠嗎？

時代進步，但情感的交流卻逐漸減少

這幾年因為防疫，施行過一段線上上課的時期，平板或手機變成每一個孩子學習的工具，也變成孩子了解新知的載具，電視變得很少打開觀看。家裡的電視，是不是都漸漸成為裝飾品呢？

我問讀高中的兒子們對看電視的印象，高一的弟弟說：「我好像只記得在阿公家看電視的事，在家裡沒有看電視的印象。」

我說：「小時候我們只看半小時電視。後來你和哥哥還跑來跟我說只看半小時不公平，因爲想看的會不一樣，要一人看半小時。」

弟弟笑著說：「媽媽，那是我們的計謀，我們根本都是看一樣的節目啊！」

我也笑著回他：「媽媽知道啊！但媽媽是讓你們練習說服媽媽！」

我們家一直沒有安裝第四台，以前回去探望公婆，孩子們看著阿公家的電視節目會覺得很新奇，怎麼有這麼多的節目可以看？但看過幾次，他們也發現很多都是重複播出。後來長大回去阿公家，通常會帶著自己的作業，也減少了看電視的時間。

公公在幼子上高中的時候說：「其實你們家可以裝第四台！」當時我說我們沒有看電視的習慣，沒想到回到家過幾天，公公打電話來第一句話仍是覺得我們家可以裝第四台，我說：「爸爸，我們家沒有在看電視。小孩子現在都在用平板電腦接收資訊，我們用電腦和看書接受資訊和新聞。」公公跟我說的新聞，我都可以跟他聊上幾句，他覺得很驚訝。我說時代變化很快，現在看電視不是取得資訊的唯一途徑了，從網路上獲取的資訊又快又新。

只有跟上時代的腳步，才不會被時代淘汰，但情感與關係的培養，卻需要耐心與累積。

在時間停止前，不要讓自己留下遺憾

父親過世十幾年了，他沒有看到網路蓬勃的景況。媽媽在生病的時候，我們兄弟姊妹五個人擔起輪值照顧的任務，每人照顧媽媽一個星期。當我跟姊姊輪值的時候，我們都是把媽媽接到自己的家裡照顧。

我跟姊姊都發現媽媽會出現錯亂的現象，她會時空錯亂、人物錯亂，常常搞不清楚她剛才做了什麼事。姊姊帶媽媽回診時詢問醫生，醫生安排媽媽做檢查後，發現還不到七十歲的媽媽居然罹患失智症。

因爲失智，醫生建議我們讓媽媽在固定居所居住。我們幫媽媽請了外籍看護，平常會透過視訊跟媽媽對話，當媽媽看見我們在手機上出現的時候，看得出來她覺得很新奇，但也看得出來她不知道爲什麼這樣會看得到我們。

從聽廣播到看彩色電視，再到可以用手機視訊，媽媽才剛進入一個進步快速的年代，卻在這樣的變動中跟丟隊伍，變成時空中的旅人。

我們都只是時空中的旅人嗎？如果我不記得自己是誰時，那我到底是誰呢？當記憶不再拼接出自己的樣貌，人生會從彩色變成黑白嗎？當人生只剩嘩啦嘩啦的黑白雜訊、不再繽紛時，是要你休息嗎？

這些問題我都沒有答案，但我知道，**在記得愛的時候，要好好的愛，如果遺忘了愛的方式，也不致遺憾，至少曾經愛過。**

不要因爲害怕受傷而不敢付出；不要因爲沒有得到回報而覺得付出不值得。當你懂得付出就是一種回報時，你的人生，不會局限在黑白的單色中，而有能力靠自己，增添色彩。

「勇敢去愛，因為你的付出也會滋養自己」

時代不斷進步，科技也日新月異，但越是進步繁榮的年代，人們卻往往越是容易忘記關心在乎的人，不要讓科技疏離了親人間的感情，在我們還記得愛的時候、還能愛的時候，付出自己的心力，不要等到來不及的時候才追悔莫及。

科技是創造餘裕，讓我們把在乎的人事物，排在優先序列，而不是被更多不必要的資訊，塞滿人生。

寄託兩代思念的鳳凰花

在六、七月盛開的鳳凰花，因爲開在畢業的季節，大家都會將它跟畢業典禮連結在一起。

我剛認識鳳凰花時，它美麗又鮮豔的花瓣飄落在地上，被媽媽撿起來拼成蝴蝶的樣子，媽媽說：「這是蝴蝶花，因爲我的媽媽都把它拼成蝴蝶，我們都叫它蝴蝶花！」

「蝴蝶花」開在畢業的季節，但媽媽卻從來沒有參加過學校的畢業典禮。

爲了在窮困中活下去，沒有時間悲傷

媽媽的媽媽，也就是我的外婆，在媽媽七、八歲的時候就過世了！這麼小就失去母親的媽媽，會覺得很傷心嗎？媽媽淡淡的說：「那時候年紀小，也許還不懂什麼是傷心，只知道還要幫忙照顧弟弟妹妹，還是要活下去！」

「還是要活下去」是每一個人誕生在這個世界上，最初始的設定與任務吧？身爲長女的媽媽還有兩個妹妹和一個弟弟要照顧，才七、八歲的她連悲傷的時間都沒有吧？

媽媽的父親，也就是我的外公，當初隻身來台，他沒有軍人的身分也沒有讀過什麼書，到了台灣跟人學習修鞋、修傘，就靠著這技藝養家活口。

我不知道媽媽參加她母親人生畢業典禮時的景況和心情，但窮困迫使人們只能先想著要如何活下去，應該沒辦法停下來悲傷、哀悼往生者吧？而且外婆在過世前還住院了好幾天，家裡的支出應該也不少吧？

外婆原本是因爲小產住院調養身體，本來就快要出院了，卻因爲感冒引發感染而往生，這實在是一項讓人很難接受的打擊。

窮困的人離幸福很遠嗎？我不知道。但我知道窮困的人，總是伴隨更多苦難。

人生至少會有的一場畢業典禮

外婆過世還不到一年，媽媽居住的城鎮突然流行起麻疹，那時舅舅跟三姨都出麻疹，只好由外公照顧年紀大一點的舅舅，媽媽的外公外婆把最小的三姨帶去照顧，沒想到三姨出完麻疹痊癒了，可是舅舅卻因麻疹往生。媽媽說：「妳舅舅走的時候眼角還有淚水，他是一個很漂亮的小孩，沒想到這麼早就走了！都沒有體驗人生！」

媽媽說他們家小孩都差兩歲，舅舅走的時候可能只是個三、四歲的孩子，還是天真可愛的年紀。沒有網路、沒有疫苗的年代，可以不留病根的長大，應該就是萬幸了吧？

不到一年，媽媽參加了兩位至親的人生畢業典禮，這是多沉重的打擊呢？

在我小學的畢業典禮上，隔壁班的老師說：「如果你們念到大學畢業，一生至少會有五個畢業典禮。」我們很好奇的聽老師數著：「從幼稚園開始，小學、國中、高中到大學畢業，最後是自己人生的畢業典禮，你們至少會有超過五個的畢業典禮！」那時我雖然還沒有參加過別人人生的畢業典禮，但我遠遠看過對面農家辦喪禮，所以也知道老師說的人生畢業典禮是什麼意思。

在老師從幼稚園的畢業典禮說起時，我愣了一下，因爲我沒有讀過幼稚園，所以如果我只念到大學畢業，就不會超過五個畢業典禮，也許是在那一瞬間，我就決定以後要念研究所了！

但媽媽連小學都沒有畢業。爲什麼會這樣呢？媽媽說：「念完國小五年級時我們要搬家，那時我想我也沒有要考初中，而妳二姨還要念好幾年書，所以我就不轉學也不去念書了！就去工廠上班賺錢，這樣也可以幫忙妳外公分擔家計，讓他不要這麼辛苦！」

長女，是辛苦的代名詞嗎？我想在早期困苦的社會，長女不但是辛苦的代名詞，還是任勞任怨的付出者，而且她們即便犧牲自己，往往也不會覺察那是一種犧牲吧？

你的媽媽在原生家庭中排行第幾呢？一個人的出生排行會對他的性格產生一定的影響。

當我們做媽媽的角色卡住時，可以想一想妳跟媽媽的關係，或是問一問媽媽的人生經驗，這樣不但可以幫助自己省思，也可以協助媽媽梳理她的人生。媽媽好，孩子才會好。

我們這一代母親，不但普遍受過高等教育，還比我們的母親多了很多的選擇權，我們應該比媽媽活得更自在與舒坦、更盡其在我、活得燦爛，不是嗎？

壓抑的思念，隨蝴蝶翩飛

長大之後，我才知道媽媽其實知道她口中的蝴蝶花是鳳凰花，但她還是會把鳳凰花稱做蝴蝶花，那是因爲她對媽媽的思念像蝴蝶般翩翩飛舞，美麗卻也在現實中轉瞬消逝。

上一代的女性不會吶喊著「我愛你」、「我恨你」、「爲什麼我沒有」等情緒很強烈的字眼，而是把萬馬奔騰的思念與失落都壓抑在心中，只有在不經意中流露，當察覺與體會出那種心情時，已經是長大之後了，那時自己的心，都會痛得想哭。

我也喜歡蝴蝶花這個名字，在畢業的季節，飛舞著離愁與祝福！

我想跟天上的外婆說：「親愛的外婆，謝謝您生下您的女兒我的母親，我的母親才能生下我成爲她的女兒，雖然我沒有機會看見您，但您的生命，在我的血液中，跳動著愛的旋律。我覺得這種傳承眞是美好又幸福！眞的很謝謝外婆！」

鳳凰花是我的蝴蝶花，從前那是媽媽對她母親飛揚的思念，現在也翩飛著我的想念與感謝。

在我人生的畢業典禮到來前，我要像蝴蝶一樣飛舞，舞出精采又燦爛的人生，讓在天上的媽媽，在微笑中，享受生命傳承的美好與延續。

「父母好，孩子才會好」

我們在擔任父母角色時，如果遇到難以處理的問題，可以試著回顧自己與父母的關係，藉由回想和探尋，找到解決的方法。這過程不僅能梳理自己和父母的感情，也有助增進與孩子的關係。

雖然沉重的生活壓力總是逼得我們往前衝，但新生代的孩子卻瀰漫著想躺平的氛圍，這世代間的不協調，是教養資訊傳遞的落差，還是時代震盪修正的必然？也許我們要從生活根本的核心找起，探尋根源，把根扎實，才能真正長穩，長成靈動的生命樣貌。

你會為誰煮一餐飯？

以前年紀小不懂事，不知道煮一餐飯要耗費多少的心力與時間？現在成爲母親，每日料理三餐才想著，有人爲我揮汗如雨的洗手作羹湯，是一件多幸福又被疼愛的事啊！

父親總是比我先想到我自己

從很小的時候，我就知道爸爸很疼我，因爲他總是帶著我到處去買東西，總是笑嘻嘻的跟我說話，說我生氣的時候喜歡拉長一張皮蛋臉。

雖然我很害怕青蔥的味道，但我卻喜歡吃爸爸包的水餃，水餃裡面的青蔥，好像沒有奇怪的味道，所以我不會特別挑出來。以前爸爸要煮水餃的時候，我們總是雀躍歡欣的跟著一起包水餃，等爸爸開始準備煮水餃，我們就四散各處去玩，等爸爸叫著「小君來嚐水餃熟了沒？」我總以爲自己身負重任，要等到我說水餃熟了以後，一家八口才可以吃。

如今我成爲媽媽，自己包過水餃、煮過水餃後，現在回想起來才明白，爸爸怎麼可能會不知道水餃有沒有熟呢？當時他喊著我去嚐水餃熟了沒，只是他爲了讓他喜愛的孩子先吃而用的方式。只要我說熟了，我跟爸爸總是會相視而笑。

爸爸疼我，要我認眞讀書，他說：「只有自己學到的知識，別人偷不走也搶不走！」這讓我學會要投資自己。我大學畢業的時候爸爸很高興，他希望我繼續讀書，但也跟我說：「爸爸只能供應妳到大學畢業！」一個退伍老兵養著一家八口，可以供應我念到大學畢業已經是天大的恩惠！

大學畢業後，我工作存錢，也給爸爸家用。等男友退伍後，我們一起去補習考研究所時，我跟爸爸說自己要念書了，爸爸說：「那不用給家用了！」

念研究所時傳出眷村要改建，爸爸在我從宿舍回家時說：「妳搬去跟妳媽住吧！不然怕妳下次回家沒地方可以住了！」爸爸總是比我早一步，想到我自己。

簡便卻幸福的一餐飯

我跟爸爸住了快二十六年才搬去跟媽媽、妹妹和姪女一起住。後來妹妹搬到台北，我工作付房租，跟媽媽和姪女一家三口三代，過著簡單卻安穩的生活。

有一次媽媽帶姪女參加進香活動，我覺得一個人在家吃飯實在無聊，打電話跟爸爸說媽媽不在家，中午沒有人陪我吃飯，我一個人吃午飯很無聊，爸爸就在中午買了便當過來陪我。那時眞的覺得爸爸就是守護我的天使，只要我有需求，天使總是使命必達。

用過午餐，我知道爸爸有睡午覺的習慣，於是請他到房間裡睡，但他只願意在沙發上休息。

當夜幕低垂，眼看要到用晚餐的時間，我打開冰箱簡單的弄了飯菜要爸爸吃晚餐，沒想到爸爸心花怒放閃著晶亮的眼睛笑著說：「我們家小君也會煮飯啦！」

爸爸最疼愛的小君，居然就只有煮過那一餐簡便的飯給爸爸吃，現在想起來都覺得慚愧又心痛。

唯一的一餐飯雖然簡便，但我跟爸爸在談笑間吃完。雖然吃些什麼已經不記得了，但我卻一直忘不了，爸爸臉上出現幸福又得意的笑。

以前的我很害怕失去爸爸，因爲爸爸年長我四十九歲，我一直很擔心爸爸會突然去世。這也是爲什麼那時手足跑去跟媽媽住新房子，我卻守在爸爸身邊的原因。

煮飯不僅是烹調，還是傳遞愛的方式

小時候媽媽有時候離家出走不在家，哥哥姊姊很快就學會了一手料理食物的本領，但我卻秉持著「君子遠庖廚」的心態，刻意跟廚房保持距離。

爲一個人做飯，不單單只是做一餐飯，其中用了多少的愛來調味呢？吃的是食物，還是烹煮食物的心意呢？

念研究所時有一位老師未婚，其他老師問他擇偶條件，他說：「只要可以幫忙做家事、煮飯，就可以了！」老師們笑他其實只要找一個傭人就可以了！

雖然現在外食很方便，叫外賣外送也很方便，但過往的人，都是把愛放在食物裡，要花很多時間和心力才能烹煮出一餐飯，我們都是被愛餵養長大的孩子。

我們會爲誰煮一餐飯？或是還有誰會爲我們煮一餐飯呢？

當爸爸媽媽成爲天上的星星時，我再也吃不到他們爲我烹煮的熱飯菜了！雖然有時候想起來難免有點感傷，但我還可以爲孩子和家人準備營養又充滿愛的餐食。**那些愛的能力，父母其實已經透過平常的相處，傳遞給我，讓我學會愛家人也愛自己**。

思念遠行的親人雖然難免心痛落淚，但希望在這些淚滴的清洗過後，能喚醒曾經被好好愛過的感覺，讓這種被好好愛過的感覺，延續與傳遞，就像父母還在身邊溫柔的愛著你、潤澤著你。如果你還能煮飯給父母吃，更是一種幸福，能讓彼此的愛交流。

「我們都是被愛餵養長大的孩子」

做一餐飯，不僅是讓家人果腹，在烹煮的過程中更是加入了對家人的愛，即使現在外賣外送很方便，人們很少洗手作羹湯，但每一餐飯其實都能傳遞愛的心意，若是可以，不妨爲親愛的人煮一餐飯，傳遞你的愛。

如果你一個人住或總是自己一個人吃飯，不要覺得孤單或悲傷，因爲你的生命是父母愛的延續，眼前的食物也是很多人愛的付出，你可以靜靜的感謝自己、感謝衆生，用感恩與愛陪自己吃飯。

轉念，成為生命的主人

準備訂婚前，我跟男朋友去金飾店選購了喜歡的金飾套組。還記得那是美麗的花朵造型，除了一條幾乎開滿燦爛黃金花的金項鍊，還有兩條秀氣細緻的花朵手鍊。在訂婚儀式結束後，我只留著一條金手鍊偶爾配戴，其他都存放在姊姊銀行的保險箱中。

很多人的結婚金飾也跟我一樣，大概只有在訂婚和結婚的時候配戴，其他時間都存放在保險箱裡吧？就像是把少女美麗的心情鎖在內心深處，換上妻子媳婦等角色來面對婚後的生活吧？

變賣結婚金飾，卻得到更大的滿足

婚後幾年，爲了不讓先生每天跨縣市開車奔波上班，也爲了不讓自己總是擔心他的安危，當先生換工作時，我們在他工作的城市先租了房子，確定他的這份工作穩定後，也決定要在這個城市買房子。

後來回頭檢視這個決定，還好我沒有被現金不夠這個想法困住。買新房子讓我們負債一千萬，頭兩年只還利息的寬限期過後，要本利攤還時，先生一個月的收入根本就不夠我們一家四口的開銷，爲了紓解資金壓力，我們曾經去銀行詢問是否可以延展寬限期，但銀行建議我們利用小額信貸度過經濟壓力，我們放棄銀行的建議，轉回向先生公司內部貸款。

撐了一段時間，當初借我兩百萬買房的姊姊需要用錢，我們商量把結婚金飾拿去變現，跟先生提議時，他只問：「妳以後會不會後悔？會不會怪我？」我說：「我不會後悔！也不會怪你！這是我的提議，而且我是把金飾變成我們房子的一部分了，這樣想也很美好！」

很有趣的是，原來這樣的思維改變是心理學上的「換框」，就像前一陣子花錢買東西時很流行的一句話：「錢沒有不見，只是變成了我喜歡的樣子。」就像我的結婚金飾沒有不見，只是變成了房子的一部分。

不爲自己設限，轉念走出困境

當初要拿金飾去變現時，我把我們一起買的金飾和親友們送的金飾都整理出來，卻怎麼樣也找不到結婚戒指，於是想著就讓結婚戒指留著吧！想著要留下結婚戒指，突然就想起那段跟著母親和弟弟妹妹浪跡天涯的歲月。

那一年暫住在A阿姨家，我想媽媽也不是帶著四個人在別人家裡白吃白住，媽媽除了幫忙家務，應該也有負擔一點生活費用，因爲我有一次不小心聽到媽媽跟A阿姨說沒有錢了，要拿結婚戒指去典當的事。

那時的我雖然對典當的事不了解，但在那一天之前，媽媽的手上一直是戴著一只戒指的，但在那一天之後，媽媽手上的戒指就不見了！

媽媽爲了生活把結婚戒指都拿去典當了，這樣的故事很悲傷嗎？因爲貧窮讓人感到生活的無力嗎？那時候我可能有感到一點點的悲傷，但我想到更多的是，我們沒有被外物困住，選擇了自己想要的。那時的媽媽想著要跟爸爸離婚，婚戒對她的意義，也許就只剩下可以變現維持幾天的生活。

但我拿結婚金飾去變現，也是一樣的狀況嗎？我拿結婚金飾去變現，只因爲在生養孩子後，我幾乎不曾再配戴過首飾，那些放在保險箱的首飾，已經爲美好的婚禮做過見證，完成階段的任務，後來有更重要的事需要這些金飾協助，我覺得這樣很好，沒有被「結婚金飾就應該永遠留著」這種想法困住。

轉念，往往也會轉開困住我們的世界。

影響我們的往往不是有形的事物，而是自己的心

成爲母親之後，我慢慢開啟自我療癒之路，雖然回憶那些當時承受不住的事件常常會讓我痛哭失聲，但我發現當初被鎖住的痛苦中，還有我刻意提取出的美好記憶，這些都在這些年慢慢「解封」。我越來越有勇氣去回想那些年、那些事。

美國家族治療先驅維琴尼亞．薩提爾說：「問題不是問題，如何應對，才是問題。」媽媽借住別人家身上沒錢時，想到典當婚戒是一種變通，在這之後她也從來沒提過或抱怨過這件事，就像我也從來沒跟先生

抱怨過為了要還貸款而把結婚金飾變現。

生活中，問題總是會不停的出現，如何去應對問題，才是影響生活的關鍵。我們不能改變已經發生的事，只能改變這些事對我們的影響。

你曾經為了照顧孩子而選擇放棄工作嗎？你曾經為了多陪孩子一點時間而拒絕升遷嗎？你曾經為了多賺一點錢而把孩子留在安親班，直到最後只剩下他一個人嗎？

在尋常的日子中，我們都曾經陷入兩難的抉擇，不管選了哪一個，總覺得對另一個有點虧欠，但這些其實只是機會成本，是成長的代價。

婚戒，是兩個人選擇成為配偶的信物，告訴別人情感要有所界線，**但真正能拘束人們的往往不是有形的東西，而是內建的道德和價值觀。**

該突破框架時，我們需要勇氣，該守住信念與價值時，即便沒有律法的限制，我們還是會安分守己，這才是做人真正的修持。

當我們不再被有形的事物困住，當我們不再被內心的執念捆綁，才是思想意念的真自由。

「轉念，往往也會轉開困住我們的世界」

很多時候，我們常會爲自己設限、被外物影響，其實只要知道自己要的是什麼，試著轉念看待眼前的困境、改變心態，往往就能發現出路，走向寬廣的人生。

斜槓、破框、轉念、離開舒適圈等，這幾個現在很紅的詞彙，其實都是告訴我們，不僅外部時代變化快速，我們自己也要從內部做改變，因爲蛋殼從外面敲破是食物，從裡面敲破就是生命。

穿線，同時也串聯心意

當我發現看書看不清楚書上面的字，必須拿遠一點才能看清楚時，就知道原來老花也找上我了！

那一年我剛過四十八歲，朋友們戲說：「妳的老花已經來得算晚了！我四十出頭時就發現老花了。」甚至有年輕時沒有近視的朋友，在四十歲不到就戴起老花眼鏡。

年紀大一點，是不是不需要把世界看得那麼清楚？還是因為年紀大了，看世界該有另一套準則，而跟遠近不再有絕對關係呢？

曾經母親爲我縫衣，現在我爲孩子縫補

不記得母親被老花眼困擾過，但我記得在念研究所搬去跟母親同住時，有幾次母親要縫衣服卻看不見針孔，央求我幫她穿線，那時母親的年齡是五十歲上下。

孩子們小時候，我偶爾會幫他們縫衣服，但最常縫的是絨毛玩偶的裂縫。每次絨毛玩偶的縫線出現裂縫，他們會抱著玩偶請求我縫合，我總會跟他們說：「我們來幫玩偶動縫合手術吧！」

縫著玩偶的裂縫，也縫著我們親子間愛的記憶。每次「手術」完成，他們總會開心的叫著：「媽媽妳好厲害，完全看不出有縫過耶！」

每一個小小孩是不是都覺得媽媽好厲害呢？雖然我享受著孩子們的恭維，但我實在比不上我媽媽裁縫能力的萬分之一。

小時候我們常穿媽媽用裁縫車縫製的衣服，媽媽總笑著說：「這個

裁縫車是我的嫁妝！」媽媽不但會裁縫，她用鉤針的能力更是一絕。

媽媽用鉤針鉤出的蓮花栩栩如生，讓當時讀幼兒園的長子，曾經好奇的要跟外婆學鉤針。但小小的手要左手拿線右手拿鉤針，還要記鉤幾針要換位置，實在是太難太難了！

有一天我要出門參加書展的演講前，臨時發現出太陽，氣溫比預期中的舒爽，我決定不穿羽絨外套，要穿上媽媽送給我的風衣外套。從衣櫃裡拿出風衣，發現紫色的亮面上竟然掉了一顆鈕扣，摸摸口袋，還好，當初把鈕扣放在口袋裡。

我趕快拿線穿針，但越急越穿不進針孔裡，突然想起媽媽說過：「現在有些針改成用壓的，壓一下線就穿進去了，再也不用擔心看不到針孔！」但我沒有買可以用壓就穿成線的針，早知道就聽媽媽的話了。怎麼辦呢？曾幫我穿過線的高三長子已經出門了，沒幫我穿過線的高一幼子還在睡覺，但我已經花了五分鐘都還沒有穿成功，眼看高鐵的時間越來越逼近了！可是我想穿這件風衣出門。

我跑去幼子的房間，輕輕喊著：「弟弟！弟弟！快起床！幫幫媽媽的忙，媽媽看不見針孔，快起床幫媽媽穿線！」

原本出門前就叫過弟弟，但他還在賴床。這次跑來拜託他，他倒是沒掙扎太久，就問：「針在哪裡？」

看著弟弟把線穿過針，輕鬆的說：「這個簡單啊！」我也笑著回：「謝謝弟弟！媽媽要趕快縫好鈕扣，出門搭高鐵，你的早餐在桌上，中午爸爸會買鐵板燒給你們吃，記得照顧好自己唷！」

用針線保留母親的心意

少女時期的我開始寫文章投稿，但那時我跟爸爸住，媽媽可能不知道我喜歡寫東西。她只擔心跟她住一起也喜歡寫東西的妹妹熬夜，隔天上學遲到。

我出第一本書時，曾將書帶去給住在護理之家的媽媽看。媽媽失智又中風過的臉一片茫然，雖然我輕輕跟她說這是我寫的書，也翻著書裡的相片讓媽媽辨識，但媽媽依舊安詳不起波瀾的臉，讓我傷心的跑去廁所洗淚、洗臉。

媽媽記不得我了，這曾經讓我痛苦得無法面對，每次看見媽媽都會忍不住流下眼淚。姊姊跟我說：「不要在媽媽面前哭，這樣她會擔心的！」那次我握著媽媽的手留下眼淚後，媽媽掙扎著把手抽出來，又用顫抖的手放在我手上，輕輕的摸著，我就知道，即便媽媽忘記我是誰了，但她的溫柔善良還是不忍心看見別人傷心，努力的想給我一點安慰。從那以後，我總是忍到廁所裡才哭。

媽媽不記得我也沒有關係了，這表示她也許也忘記了生活中曾有的苦和悲。

在我第一本新書上市的那一年，全球同時迎來了一場嚴峻的疫情。

疫情衝擊著各行各業，隔年國際書展停辦，媽媽也停止了心臟的跳動。

如今睽違三年的國際書展隆重舉行，很高興能參加書展而且還是以作者的身分出席。雖然媽媽不知道我成爲作家，但我穿著媽媽送我的風衣，就像是媽媽的愛還包覆著我，在天上當天使的媽媽，應該也會替我感到開心吧？

之前幫長子縫書包，甚至是幫幼子縫書包時，都是長子幫我穿線的，他很樂意幫我穿線，所以我一直沒有去買用壓線就能穿線的針。現在幼子也可以幫忙穿線了，我需要去買壓線的針嗎？

縫補，是一種珍惜的修復。我很感謝媽媽教會我愛物、惜物的縫補能力，雖然現在買成衣很方便，但我還是特別珍惜媽媽買給我的衣服，因爲那是她把我放在心上的心意。

雖然母親已經無法再用實質的方式傳遞她的心意，但我能夠用修修補補的方式保存母親的心意，已經是媽媽愛的傳承，而兒子們會幫忙穿針引線，也會在他們的回憶中，串成愛的連結吧？

在什麼都可以快速取得的現代，很多東西還沒有壞，卻因過時而被丟棄，這其實是浪費而不是福氣。雖然有教孩子資源分類與回收，但我們更應該做的是惜物、惜情，才能眞正珍惜資源、愛地球。

後記：前一陣子整理媽媽用過的房間，突然看見一盒一壓就可以穿線的針，應該是媽媽為我準備的，但那時已經出現失智現象的媽媽卻忘記拿給我吧！看著那盒針，默默流下眼淚的我，好想好想媽媽啊！

「縫補，是一種珍惜的修復」

以前經濟還沒有那麼繁榮的時候，用針線縫補破損的衣物是一件稀鬆平常的事，但現代什麼都可以快速取得，人們幾乎很少再用針線縫補還能用的東西，大多直接購買新的，但如果我們能多珍惜物品，惜物、惜情，也許能擁有更多福氣。

東西壞了可以修，人際關係上的裂縫或傷痕是否也可以修補呢？以前說破鏡難圓，那是大家太害怕失敗反而阻礙發展，當親人朋友之間情感出現裂縫，應該彼此眞誠與珍惜、包容與尊重，展現自己也賞識別人，善待與修補重要的關係。

把自己活成一道光

有一段時間我很害怕夜間的電話響起，因爲那往往是媽媽住的護理之家來電，打電話通知媽媽出狀況，好幾次透過緊急輸血，才讓媽媽恢復穩定的生命跡象。

因爲夢的善意，讓遺憾能得到寬慰

也許是思慮太過，有一天我彷彿看見媽媽來我們家看我，我開心的手舞足蹈，問媽媽一連串的問題。

「媽媽，妳自己坐火車來的嗎？」

「媽媽，妳會走路了嗎？」

「媽媽，妳的病都好了嗎？」

我一直圍著媽媽問問題，但媽媽卻只是對我笑而不語。

笑而不語的媽媽，突然讓我意識到這一切不是眞的。從眼眶中滑出的淚水，把我從虛幻的夢境中拉回現實，當下我哭著醒了過來！

「當我意識到那一切都是夢時，好悲傷！好悲傷！那是媽媽這幾年做過最悲傷的夢！」當我跟讀高三的長子說著這段夢境時，眼淚又忍不住的流了下來！

以前我跟兒子們提過那個夢，但當時還是國中生的他們只是靜靜的聽著，而那天我們討論到，有時夢與現實交錯的感覺如眞似幻，有些現實就跟夢纏在一起，漸漸的，會讓我們弄不清楚腦中曾有的記憶，到底是夢？還是眞切的經歷？

成熟許多的高三長子輕輕的對我說：「媽媽，至少在妳的夢中，外婆的病曾病好過！妳記得她的病曾經好過，即便只是在夢中，這也是很好的啊！」

媽媽身體開始變化的那幾年，因爲我知道媽媽排斥西醫，我想盡辦法帶排斥醫院的媽媽去看醫生，前後換過三個中醫歷時近一年。後來所有兄弟姊妹都動員起來輪流照顧，但媽媽還是慢慢從糖尿病、腎衰竭、失智一路惡化，甚至在醫院中風。

原本我還可以在輪值的那週接媽媽來家裡照顧，但媽媽失智後，醫院建議媽媽要在固定場所生活，我們只好請看護在媽媽家照顧她，但當媽媽在醫院中風後，每週要洗腎三次的媽媽只能送到護理之家。

那幾年，我很害怕夜晚有電話響起，那往往是媽媽出現狀況的訊號。護理之家往往在取得家屬同意後做緊急處置，我也在天亮後到醫院簽署同意文件，那些日子雖然苦，但我還是可以看見媽媽。

聚焦正向面，獲得迎接挑戰的能量

父親過世的時候我懷著弟弟還在安胎，所以我壓抑住悲傷的情緒要力保弟弟平安誕生。當弟弟平安誕生後，沒想到又被護理師送回產房喊著：「給他O^2、給他O^2！」我一邊想著爲什麼弟弟需要氧氣？一邊卻看見弟弟變成全身發紫而癱軟的布娃娃，簡直嚇壞我了！那時原本要幫我縫合產後傷口的醫生，衝過去用兩根指頭按壓弟弟的心臟，還說著：「剛才不是哭得很大聲，現在怎麼沒有呼吸？」聽到弟弟沒有呼吸，我一邊祈求天上的父親保佑弟弟平安，一邊喊著弟弟快呼吸，聽媽媽的話快呼吸！

弟弟滿六個月後，我們搬到了現在的家，有一次在夢中夢見爸爸，我回娘家的時候跟媽媽提起夢到爸爸，媽媽笑笑的說：「妳爸爸去看妳啦！」爸爸過世前我們房子都還沒有蓋好，現在住在這裡，爸爸在夢中來看看我們過得好不好嗎？

當媽媽說「妳爸爸去看妳」的時候，我覺得有一種暖暖的幸福感將我包圍。就像高三的長子說「媽媽，至少在妳的夢中，外婆的病曾經好過」一樣，即便只是在夢中，這也是很好的。是這樣子的嗎？是這樣子的吧！

那些夢裡出現的團聚，那些夢裡痊癒的畫面，都是夢的善意，如果現實中的缺憾與懊悔，能在夢的善意中完美，會讓多少人在失去的痛苦中得到寬慰與療癒呢？

人生的際遇，不是我們能左右的，有時候眞的會遇上痛苦到覺得自己撐不下去，甚至隨時會死去的時候。但我們爲什麼還是撐過來了呢？

在有好有壞的旅程中，只能多看好的那一面吧？**當我們聚焦在正向與美好的那一面時，才能讓我們重新匯聚能量和勇氣，承擔住壞的際遇所帶來的挫折與傷害。**

付出愛與善，照亮自己與他人的生命

即便是在夢中，也請你努力抓住那些吉光片羽般的祝福。

印度詩人泰戈爾（Rabindranath Tagore）在〈用生命影響生命〉（*Life Influence Life*）寫著：

「把自己活成一道光，因爲你不知道，
誰會借著你的光，走出了黑暗。

請保持心中的善良，因爲你不知道，
誰會借著你的善良，走出了絕望。

請保持你心中的信仰，因爲你不知道，
誰會借著你的信仰，走出了迷茫。

請相信自己的力量，因爲你不知道，

誰會因爲相信你，開始相信了自己……

願我們每個人都能活成一束光，

綻放著所有的美好！」

愛，不是未曾出現，而是要會懂得解讀和分辨。當流星劃過天際，雖然瞬間卽逝，但不要忘記流星閃爍出的光亮，曾經在這個世間美麗的奔放。

很感謝我的孩子們，這幾年用心的感受與成長，在我脆弱的時候，他們變成支撐與安慰的力量，這就印證了「愛出，必愛返；善出，必善返」的循環。當孩子累積了很多我們給他們的愛與善良，他們也會用善良的愛，溫暖我們與回饋世界。

孩子眞的很快就會長大，做爲陪伴與引導孩子社會化的大人，我們要保持善意與孩子接觸，同時要認眞經營自己的生活，讓孩子有良好的學習榜樣，也能積累自己的善良與力量，活成另一道光，讓親子的生命，相互輝映。

「積善成習，讓生命閃現美善的光芒」

人生的際遇並非都是順境，有時也會遭遇挫折與傷害，甚至會遇到生命中難以承受的痛苦。我們無法左右際遇，但我們能選擇聚焦好的那一面，從中累積善良與美好，獲得繼續走下去的力量，也傳遞給周遭的人們。

善良是一種溫和卻強大的力量，在生活中實踐與累積善良的力量，不但幫助別人也讓自己受益。

第四章

生命中的光芒

小時候我們總是接收著別人給予我們的一切，
才能慢慢的成長與茁壯，
而在長大的過程中，我們學習著如何付出，
也開始慢慢貢獻自己的能力回饋社會。

付出，讓我們成為別人生命中的天使

小時候，看著哥哥姊姊背著書包出門上學，讓我的小腦袋對上學這件事充滿想像與期待，雖然跟弟弟妹妹和媽媽在家裡也玩得很開心，但還是很好奇上學究竟會發生什麼事呢？

還記得第一天要去學校上學時，是媽媽和姊姊帶著我慢慢走路上學，學校好遠好遠，我們從居住的眷村穿越一片又一片的田野，沿途還會經過小河，走著走著走累了，媽媽和姊姊還要我站著休息一下再繼續走，直到進入另一個眷村，我們只走了一半的路。

終於走到學校時，先到學校的二哥也跑來我的班上，班上已經有好多小朋友，有人靜靜坐著，也有人在聊天，家人幫我找了一個座位，還跟隔壁的女同學說了話，要我們乖乖等老師來，這是我對開學第一天的印象。

初次體會生活中的現實

因爲我沒有讀過幼稚園，也沒有學過注音符號，所以剛開學時學習注音很辛苦。我記得我總是把ㄑ寫成ㄥ，因爲我的手就是轉不出ㄑ的下折角。

月考後看見前三名的人可以領獎狀，我也好想要有獎狀。因爲大我五歲的二哥小學成績優異，參加比賽也常常得獎，我看過很多二哥的獎狀，因此我也想獲得獎狀。

記得小二的某一次期末考，我考了滿分，歡天喜地的想著我終於可以領到獎狀了！但那時已經準備退休的女老師卻說：「我會發另一種獎狀給妳！」那時我還不懂「另一種獎狀」是什麼意思。當我看見自己的獎狀上面不是寫著「獎狀」而是寫著「榮譽狀」時，雖然覺得怪怪的，卻還是覺得開心。我聽到有同學說：「老師這樣是喜歡家裡有錢的，家裡有錢的考前三名都發獎狀，你們家沒有錢才發榮譽狀。」

家裡有沒有錢跟獎狀有什麼關係呢？那是我不能理解的事。但我發現我們同學不是來自眷村就是農家，也有少數是在市場做生意的家庭。大部分同學的家都是住在眷村裡的小房子，只是眷村裡也有大房子，他們是不是就是有錢的人家呢？不過住在大房子裡的同學，確實常常拿到獎狀。

小二時，雖然還不清楚家裡有沒有錢跟可不可以拿獎狀之間的關係，但在小三輟學又流浪的歲月中，我確實感受到沒有錢眞的沒有辦法過生活。但錢是一切嗎？我還是想不通！

老師的一句話，影響孩子一生的價值觀

因爲三年級的老師要退休了，四年級時我們換了一位年輕又帥氣的男老師。有一天好像是要慶祝國慶日，老師要大家帶小國旗來學校。家裡沒有小國旗，但我放學回家經過的雜貨店有賣小國旗。我跟媽媽說要買小國旗，媽媽說她沒有錢給我買小國旗，但老師說要帶小國旗怎麼辦？

我煩惱到不想去上學，但又不敢不去上學，走在上學的路上就一直在想著要怎麼辦？老師會不會討厭我們家沒錢買國旗？會不會處罰我沒有帶國旗？同學會不會笑我沒有帶國旗呢？沿途經過的稻田沒有給我答案，但我七上八下的心卻越來越擔心，到學校後會發生什麼事？

當我鼓起勇氣跟老師說媽媽沒有錢給我買國旗時，老師只是笑笑的說：「沒有錢買國旗也沒有關係！」沒有關係！老師說沒有關係！

大部分學生都帶著小國旗站在操場揮舞的畫面，雖然讓兩手空空的我還是有一點自卑，但老師說沒有關係，好像也稀釋了我心中的擔憂和自卑。

小學生很容易受老師影響，特別是從前普遍貧窮的年代，很多人的父母甚至沒受過教育或不認識字，大家都把老師當成神一樣尊敬，老師喜歡的同學大家也會喜歡，如果老師討厭一個同學，那個人在學校就會很慘！

老師微笑說著沒有關係時，我突然放下了積壓在心上的大石頭，當自己的心不再處於警戒狀態，我才發現還有其他同學沒有帶小國旗。原來家裡沒有錢也沒有關係，真的沒有關係！

小學四年級時，有一次月考我考了第二名，老師要帶考試成績好的同學去台北玩。我們從內壢坐火車出發，很開心那次我也跟著一起去台北玩了，那大概是小學歲月中的一個亮點，讓我知道只要努力，一定會發光。

一個孩子的價值觀到底是怎麼形成的呢？除了先天的秉性和後天環境的支持，還有孩子自己的思考脈絡。以前我們沒有課外書可以讀，都是在跟別人相處的過程中，慢慢積累自己的價值觀。

很慶幸自己遇上的好人總是多過壞人，希望我也能成爲別人生命中出現的好人。當別人生命中的天使，也印證了小時候父親常常跟我說的：「要做一個手心向下的人，可以給予，總好過跟別人索討。」

小時候我們總是接收著別人給予我們的一切，才能慢慢的成長與茁壯，而在長大的過程中，我們學習著如何付出，也開始慢慢貢獻自己的能力回饋社會。謝謝生命中出現的每一個天使，是你們的溫暖和灌溉，讓我也成爲一個可以傳遞溫暖的人，懂得付出，讓我們成爲別人生命中的天使。

這個世界雖然不盡然美好，但我要成爲美好的存在，持續傳遞眞誠、善良與美好。

「世界不完美沒關係，但我們要成為美好的存在」

我們的價值觀、待人處事，都是從小藉由與他人互動學習而來，雖然過程中可能會遭遇一些不公平的對待，但如果會在生命中遇過為我們眞心付出、伸出援手的人，不要忘了也要繼續把這份善意與溫暖傳遞出去，幫助其他的人。

人生既然會死，那爲什麼我們要活著？還要受好多的痛苦或委屈呢？因爲我們在學習中體驗，在接受與付出後會發現，享樂、受苦都是過程，是證明我們存在的價值與意義。

解救困在過去的小女孩

一個小學三年級的小女孩，在清明連假結束後，媽媽沒有帶她和弟弟妹妹回家，卻是帶著她們往南部的A阿姨家去。她們在A阿姨家住了一陣子後，她聽到媽媽跟阿姨商量要拿結婚戒指去當，又過了幾天，他們去廟宇借住。

那一段輟學又四處漂泊的日子，曾經是小女孩不願意面對的回憶。因爲四處寄人籬下，有時候難免會遇上不友善的對待，但當時還不滿九歲的小女孩，可能是爲了想好好活下去，會刻意去記得別人對他們的好，還刻意練習感謝。也許是那一段流浪在廟宇、公園、車站的日子，讓小女孩更懂得珍惜家的價值，更懂得惜福和感恩。

激發潛能、扭轉人生的一句話

小學三年級到六年級期間，小女孩家彷彿進入戰國時期，她的學業成績落差劇烈。只要媽媽在家的日子，她就可以名列前茅，但當媽媽離家出走，她的成績又會馬上掉下來。她每次放學回家，都很怕會看不見媽媽。

國小畢業時，很多同學跑去上國中先修班，有人問小女孩要不要也去上國中先修班？她想著家裡連買參考書的錢都沒有，怎麼可能會有錢去上先修班呢？

在開學前，學校先有幾天的新生訓練，新生訓練第一天，老師要大家按照身高排列。大家邊排老師邊調整隊型，然後排到女孩，老師笑著對女孩說：「妳最高，那妳站在這個位置，當班長好了！」老師一邊說一邊把女孩從行列中拉出來，站在整班同學的旁邊。

當班長？那一刻其實女孩有些頭暈的感覺，因爲不要說當班長了，小學期間女孩從來就沒有當過班上幹部。女孩開始學習整隊、帶班、帶進操場、管理班級秩序，喊口號「起立、敬禮、坐下」。

新生訓練結束後幾天便開學了，老師讓大家投票選幹部。小學當過班長的一位同學選上班長，女孩被選爲衛生股長。

國中老師的一個提議，開啟孩子的另一種可能。小學期間從來沒有當過幹部的女孩，不但可以把幹部的職責做好，甚至每次月考都可以進入前三名。到了下學期重新選幹部，女孩不但獲選爲班長，成績依然保持在前三名。

學期快結束前，老師跟全班同學說班上有兩位同學被編入女生最好班，其他沒有編入的同學，老師也勉勵大家好好讀書。小女孩就是被編入女生最好班的其中一位。

在國中一年級的學習成績評量上，老師給女孩寫著：「溫文爾雅。」那時幾個女生看不懂還跑去查字典，查出「爾雅」是一本書，同學還說：「老師覺得妳很有氣質像是一本書吧！」

像是一本書的小女孩在童年的坎坷後，很幸運的在青春期遇上了用笑容給她機會的年輕女老師，而得以開發出潛藏的自信與能力。

被編入女生最好班的女孩，跟以前的同學就像是活在平行的世界，在學校不但教室安排在不同位置，連授課的老師也不一樣。但她認眞上課用心學習，後來高中考上第一志願。

小女孩長大成爲母親，用文字療癒著不敢面對的過去，用心寫著一本又一本的書，雖然有時候會痛、會難受，會讓鹹鹹的淚水滑過抽搐的臉龐，但當情緒重現時，她知道她是安全的，她已經有能力結束顛沛流離，讓自己安全與安心。

熬過生命的艱難，就會看到光

沒有什麼是理所當然的幸福。**走不過去的挫折或痛苦，可能會阻礙我們得到幸福的能力，但只要熬過了生命的試煉與考驗，我們都有能力在淚水中笑著，看待過去。**

雖然我的童年充滿了不安全與不安定的恐懼，但那讓我更知道一個家的穩定可以給孩子多大的支撐。雖然我的父母在分居前沒有處理好夫妻關係，但他們都很努力做好父親和母親的角色。

他們不停給予他們的愛，才讓我們成爲能愛與懂愛的孩子。殘缺的愛，還是愛，不完整的家庭，依然可以給孩子完整自己的勇氣。

我們的一生總是有很多的資源與限制，當我們有能力把限制變成資源時，也許就給了自己更多的自由、更多愛的能力。保持前進與優化，努力付出與連結，讓世界因爲我們的存在而更美好。

「不完整的家庭，依然可以給孩子完整自己的勇氣」

有些人因爲童年曾經歷過家庭的創傷，就認爲自己喪失了愛人的能力；有些人因爲某些原因，無法給孩子完整的家，就覺得自己不是稱職的父母。其實，人生沒有絕對的幸福，只要能熬過生命的試煉、只要還願意付出愛，你依然可以給自己或孩子完整自己的勇氣。

原生家庭只是初始的資源，不會是發展生命的限制。我們要抓住每一份善意往上爬，也留下善意讓後面的人可以跟上。

遇見身邊的菩薩

有一年，我和妹妹陪爸爸一起回大陸，雖然爸爸自己回大陸探親過好多次，但第一次有在台灣的孩子跟爸爸一起回故鄉，還是難免引起了轟動。

有一次在用餐時，大陸的大姊夫跟諸位親友說：「我這兩個從台灣來的小姨子，根本就是天上掉下來的仙女！」大家七嘴八舌的附和仙女之說。

環顧大陸的親友們，那時大陸剛開放不久，他們雖然也都是受過教育的高等知識份子，但言談間流露的拘謹和小心翼翼，是歷經苦難的證明，穿著打扮也較質樸，而我跟妹妹當時氣質脫俗又談吐大方，相較之下顯得格外亮眼，看起來確實不像是在同一個空間生活的人，但那不是他們比較差，而只是我們比較幸運。幸運的我們，遇上的親友都只是閒話家常，而不會打探私事。

以前有一個學妹說：「大陸開放探親後，我爸爸也跑回去探親。親友一個一個的都跑來跟他要錢，除了要錢還是要錢，結果我爸爸過世後，他們還寫信過來要錢，我好生氣的回信說我爸爸過世了，留下一屁股的債務，你們要不要寄一些人民幣讓我來還債？」我好奇的問那後來呢？學妹說：「就沒有後來了啊！他們就不再來信了。當初我爸過世眞的欠了一些錢，我才會先去工作還錢，錢還清了才念大學、考研究所！」她年紀比我大一點，會變成學妹正是因爲先工作還債的關係，才延後了念書的時間。

在兩岸開始交流的初期，聽過很多要錢、爭財產的故事，像我父親一樣把大陸配偶帶過來的人也有，但有人住著相處不習慣就回去了，也有台灣配偶以死相逼不准帶人過來的情況等，我們家算是特別幸運吧？

母親的善良，讓兄弟姊妹都欣然接納孃

記得在我念大一的時候，有一天從宿舍回到家裡，爸爸突然說：「小君，我介紹一個人給妳認識。」爸爸帶我去見了一位正坐在床邊，有著一張小小瓜子臉，臉上有不少皺紋的老太太，爸爸說：「這是妳大陸的大媽，妳可以叫她孃，孃就是年紀比妳媽媽大的意思！」我叫了一聲孃，孃喊了我一聲：「君哪！」那是我們第一次見面，之後孃就住在我們家。

姊姊那時還沒有結婚，下班回家還跟我睡在同一個房間，她跟我說：「我很氣老爸，都沒有跟家裡商量，就這樣把人帶回來了！」但我觀察姊姊氣歸氣，她跟孃的互動也很和善客氣。那住在附近的媽媽，怎麼看這件事呢？

我跑去媽媽住的地方，媽媽說：「妳孃一個人在大陸要養大女兒也

不容易！」媽媽沒有覺得自己的配偶權被別人瓜分，卻還同理著這個外人一個人養大孩子的辛苦。因爲媽媽有一顆菩薩心，沒有排斥或討厭孃，甚至把孃當成是她從小就失去的母親一樣對待，跟孃有說有笑的，讓我們這些孩子也很自然的接受了孃這號人物。

家風是什麼？就是一家人待人接物的樣貌吧？

爸爸第一次回去探親時，發現他在大陸的元配不但沒有改嫁，還把他們唯一的女兒養大了！爸爸決定帶孃回來，也是盡自己的能力回報一名女子的情義吧？

不計回報的付出也是一種愛

媽媽不會在我們面前計較或比較，能做什麼就做什麼。雖然媽媽跟爸爸分開來住，但還是會過來看看爸爸有什麼需要幫忙的，異地而居雖然讓他們沒有夫妻間的親密，卻反而可以和善與客氣的彼此相待。當初媽媽接納孃，也是覺得爸爸跟孃可以相互陪伴與照應吧？

媽媽說：「妳爸第一次要去大陸探親的時候，有問我要不要一起去？」我問：「那妳爲什麼不去呢？」媽媽說：「那邊的人我又不認識，去做什麼呢？出門還要花錢，我就跟妳爸說我不要去！」沒有認識的人其實只是媽媽的藉口，她眞正在乎的是爸爸沒有那麼多的錢，她不想讓爸爸多花錢。媽媽總是捨不得別人多花錢，甚至寧願自己省一點存一些錢，在別人有需要時幫上忙。

愛，到底是什麼？以前我們總以爲得到對方的關懷與付出才是被愛，但在長輩們的身上我卻發現，他們只會看自己可以付出什麼，從不計較自己是否有所回報，這是另一種層次的愛嗎？

孃從第一次來我們家住，到我們陪她回去探親，其實這中間十幾年的時間，她都跟著爸爸來往兩岸之間，如果是我，我可以接受自己的先生這樣花錢嗎？我有時候眞覺得媽媽不是一般的女人，她只是有著女人形象的菩薩。她不會嫉妒、不會怨恨，還三不五時的發著慈悲心，幫助她覺得需要幫助的人。

仙女與菩薩，有沒有在你的身邊出現過呢？

不論好壞，都能成爲生命中的菩薩

因爲有著被大家喜歡的皮相，讓年輕時的我常常被別人驚呼爲仙女，得到不少的關愛。但我發現我的生命中，其實常常出現菩薩。

我的父母和兄弟姊妹都對我很照顧，他們都是我身邊的菩薩。我是家裡念書最多又最晚出社會工作的人，個性也比較喜歡獨處，但還好身邊有很好的家人與朋友，讓我能從他們身上學習，雖然也遇過軟土深掘的姻親，但也發現是自己沒有設定清楚界線，反而讓我學會劃定界線的重要。

生命中的貴人或菩薩，其實沒有一定的樣貌吧？就像這幾年很流行的「逆貴人」之說，讓我們知道凡是打不倒我們的都會讓我們變堅強，這其實與我們的大腦是否保持成長型思維有關，**要相信人不是不會改變，而是人透過學習隨時都可以改變，自然就有能力，把生命中出現的小人都看成是逆貴人了！**

這幾年學習正念，常常感受著萬物相卽相互影響的概念。有一次在整理花園，用戴著手套的手在撥掃落葉，突然飛出毛毛蟲，嚇得我身體本能的後退了一點，但仔細看到是半截毛毛蟲的時候，突然想著牠的媽媽不知道牠沒有變成蝴蝶吧？一股強烈的悲傷向我襲來，我想著我以前爲什麼會那麼害怕毛毛蟲呢？牠也只是一個努力成長與蛻變的生物啊！在那些思緒翻飛的過程中，好像讓我放下了許多潛藏的恐懼。

懂得悲憫與憐惜的心，會讓我們在逆境中，生出把逆境變成墊腳石

的勇氣，會讓我們在所見所聞中，分辨何種是正向而有利衆生的菩薩心腸。願在前進的路上，帶著更多的慈悲與謙卑前行，傳遞世間更多的眞誠、善良與美好之舉。

今天，你有接收到這個世界的善意嗎？你有對世界付出善意行善嗎？如果你沒有遇見生命中的菩薩，就靠著對別人服務與付出，先成爲別人生命中的菩薩吧！

「凡是打不倒我們的都會讓我們變堅強」

人生有時可能會很幸運的遇到給予幫助的好人，但也有可能遇到欺負你的壞人，但無論如何，只要讓自己不斷學習、懷抱慈悲與謙卑的心，即使再艱難的逆境也能化作讓我們更堅強的養分。生命中好的與壞的，都能成爲我們的貴人。

世界的善，讓我們更好，世間的惡，也可以讓我們在逆境中學習。雖然我們不能打倒所有的惡，卻能藉著存好心、說好話、做好事，讓善在世間行走。

悅納生命中的所有際遇

在國外旅行看多了教堂和清眞寺後，我回頭看著國內四處可見的廟宇，廟宇上精細的雕刻，閃著栩栩如生的光彩，其實非常的美麗，我才想著以前爲什麼會那麼排斥進入廟宇呢？

原來早期我對廟宇的排斥，跟童年的流浪有關。現在回想起來，應該是媽媽當掉婚戒的錢用得差不多了，媽媽不好意思再借住在A阿姨家，於是媽媽帶我們離開A阿姨家後，便去廟宇借住。

輾轉流浪的童年，對廟宇心生排斥

我不記得住過幾間廟，小時候鄉里間偶爾會有進香活動，只要是有過夜的進香活動，香客都會住在廟裡面，那時候稍微有點規模的廟，都可以讓人暫住。

離開家的時間太久，加上在海邊目睹媽媽差點被海浪捲走的驚恐，讓我變成沉默寡言的孩子。媽媽可能也注意到我的不對勁，即使已經自顧不暇，但媽媽還是買了一本字典和筆記本，要我看著字典練習認字、寫字。

小時候進廟宇參拜，都是依著媽媽的要求，媽媽說：「妳小時候常常生病，還窒息兩次被妳爸爸救回來，後來我帶妳去認媽祖做祂的乾女兒，妳才比較好養一點。」

不知道是哪一年開始，媽媽在眷村裡有一群祭拜媽祖的姊妹會。我們在南部借住的Ａ阿姨也是姊妹中的一員，只是後來她們舉家搬到南部去住。

每年媽祖生日，眷村總是有一系列祭祀與慶祝的活動。小時候只覺得司令台上有人唱歌仔戲很熱鬧，播放布幕電影也很有趣，但還不明白大人們的宗教信仰，總覺得信仰與我無關。但媽媽總是會叫我去拜拜，有時候我興高采烈的去，有時候則是不情不願。

記得有一年，不知道是哪裡鬧彆扭，我一直沒有去祭拜媽祖，有一天我的耳朵突然好痛，疼痛的感覺一直往裡面鑽，我害怕的向手足求救。二哥說會不會是有小蟲跑進去，聽到可能有小蟲跑進去，更是差點把我嚇哭！

二哥拿著手電筒照，卻什麼都看不到，這時媽媽剛好從廟會回來，聽到我耳朵痛，她說：「妳還沒有去跟媽祖拜拜吧？現在跟我一起去！」我乖乖的跟著媽媽去祭拜，耳朵也莫名其妙的不痛了！

那是神蹟嗎？其實我當時半信半疑，覺得純屬巧合，因爲除了媽媽叫我去拜拜，我不會主動去廟裡祭拜，媽祖眞的會讓我的耳朵不痛嗎？那時候我沒有想那麼多，只是乖乖跟著媽媽去祭拜，現在對生命更懂得謙卑的我回想起來，覺得人生的經歷眞的好神奇。

小時候很多不相信的事，爲什麼後來卻慢慢臣服呢？因爲後來人生的閱歷越來越多，覺得自己的力量和可以掌握的事，好像卻變得越來越少，特別是在姊姊生病後，我突然感到害怕，才了解到信仰對一個人的重要，因爲那也許是支撐，也許是寄託，也許是讓情緒能有一個安全的出口。

人在絕望時，會找到堅定內心的力量

長姊如母。我的姊姊像是菩薩一般的存在，在媽媽反覆離家的那幾年，姊姊就是安定家裡的力量，她還堅持陪我去參加高中聯考。

在我念高中的時候，姊姊已經在工作了，她跟我說：「救國團有很多活動，妳可以利用寒暑假參加一些有興趣的活動，姊姊可以幫妳出錢！」但我卻從來沒有跟姊姊說我要參加活動，因爲她的錢常常用在家裡的開銷上，我不能再讓姊姊爲我花錢。

高中畢業後，姊姊又堅持要陪我去參加大學聯考，後來大一暑假我轉系轉院到台北時，是姊姊和她男友，也就是我後來的姊夫，一起開車載著我和行李到台北的宿舍。

像是另外一位母親般存在的姊姊，在我念大學的時候結婚了！有了自己家庭的姊姊沒有忘了我，還帶我去合歡山上看雪，還來參加我的大學畢業典禮。在大學畢業要工作時，姊姊帶我去買衣服，她說：「上班要穿正式一點！」

研究所的畢業典禮，姊姊跟姊夫就像是家長一般出席，還送了我一束漂亮的花。

記得有一次我發生車禍，我在意識模糊中聽到姊姊的呼喚，醒來後才知道自己出了車禍。

在工作漸趨穩定後，卻聽聞姊姊要動手術。姊姊說：「醫生說脖子有長東西，開刀割掉就沒事了！」

姊姊順利動完手術，我以爲只要調養好傷口就沒事了，沒想到有一天上班時，熟識姊姊的業務經理在辦公室的入口處大叫：「○○○怎麼會是癌症呢？」

癌症？姊姊怎麼會是得癌症呢？不是說開完刀就沒事嗎？超載的訊息讓我當機。當業務經理走到我身旁時，我還沒有回過神來，她才不好意思又用微小的聲音問：「妳姊姊沒有跟妳說嗎？」

姊姊跟我說她要開刀，但沒說她是罹患癌症。也許是因爲太害怕會失去姊姊，我跑到媽祖廟，一看見媽祖的神像，眼淚就滴滴答答的流個不停。

人在絕望的時候，會自己找信仰。

臣服不代表放棄，而是一種接納

姊姊是我心中的大樹，大樹不怕風吹雨打，不怕蟲咬刀刻。她在罹癌後歷經了無數次的治療，她說：「我相信醫生會把我治好！」

原本我很怨恨老天不公平，讓這麼好的姊姊得癌症，但姊姊說：「醫生跟我說，如果人的一生都會得癌症，我願意選擇得這種癌症。」那時覺得醫生很荒謬，怎麼這樣安慰病人呢？到後來遇上其他親友從發現癌症到往生不到四個月，而姊姊罹癌二十幾年過去，還持續綻放生命的光和熱，我才明白醫生是從專業的角度說的話。

因爲擔心姊姊的病情，我主動進入廟宇參拜，開始學著體會廟宇的力量，欣賞著四周精美又細緻的雕刻，才發現許多之前未曾見到的美。我們常常對身邊的事物視而不見，這讓我們在無心中，失去多少幸福的可能呢？

這個世界不缺乏美，只是需要發現美的眼睛。**我們身邊其實也不缺乏愛，只是需要多一點點覺察能力，就能感受到別人的愛與善意。**

小時候排斥廟宇，也許是因爲那段流浪的歲月太痛苦，讓我的潛意識抗拒跟那件事有連結的事物。但因姊姊生病，我跑去參拜媽祖廟後，那種被接納的感覺，也漸漸開啟我接納過去的能力。

你有沒有自己的信仰呢？不管你信上帝、信菩薩、信阿拉等都好，或是你只相信自己也行，因爲信任是人際相處中很重要的基礎，而信仰則是越過了人際相處，是一種對看不見力量的敬畏與臣服。

臣服，不是不反抗，而是學會看見界線和不一樣，在自己可以努力的地方，一定要盡全力，但當抗拒是另一種超載時，選擇臣服，也可以看看際遇要把我們帶往哪裡。

「臣服，不是不反抗，而是學會看見界線和不一樣」

面對難關時，我們勇敢挑戰，但當生命中的難題超出了自己的力量，有時我們可以選擇臣服，臣服不是意味著放棄，而是從另一種角度看生命，了解際遇帶來的啟示，也了解自己的界線，進而讓生命能夠更完整。

當你有能力逆流而上的時候，一定要持續努力，當你在逆境中快活不下去的時候，要知道走出來，社會上有很多資源可以給予你幫助，不要困住自己。

不斷學習，讓自己持續更好

大一從宿舍回家時，家裡突然多了一個我們要叫她孃的人物，雖然一開始有一點不自在，但隔天我也就回宿舍了，影響與觀察都有限。

一週僅僅相處一天一夜，好像也不太能感覺出孃到底是一個什麼樣的人，直到放寒假、暑假等長時間在家，加上其他家人的描述，才拼湊出孃的完整面貌。說眞的，我還挺佩服孃這個人。

孃來台灣時還不認識字，也沒用過電鍋、瓦斯爐、抽風機等現代家電。快七十歲的她來台灣，就像是一張白紙，重新學習。

孃不但要學習用現代家電，還要學習跟我們家不定時會出現的其他人相處，甚至也要跟鄰里互動。原本不認識字的孃，後來靠著努力學習與辨認，居然還可以在一堆信件中幫我們分發信件。

內在勤學，會讓外在散發光彩

有一次我在家裡聽見外面有人喊孃，才知道那是附近會做家庭代工的人，來找孃去工作。肯學習的力量，讓人不停的進步和優化，也許是這種勤奮與努力的毅力，讓孃有自信去克服任何困難，而這些自信也讓人柔軟，讓孃散發出和藹、慈祥的光彩。

聽父親說，當初要帶孃來台灣時，先把孃留在香港，等著父親回台灣辦手續。孃當時是用什麼心情在香港等？又是用什麼心情過等待的生活呢？

小時候跟媽媽看歌仔戲，有王寶釧苦守寒窯十八年的橋段，那時我覺得王寶釧等十八年很不可思議，畢竟我那時都還沒有活到十八歲。但當我十八歲時，卻遇上等了父親超過四十年的孃。超過四十年啊！人的一生，有多少個四十年呢？

孃等了四十年，是因爲終於等到良人歸來，所以她才願意跟著父親離開熟悉的大陸，到人生地不熟的香港繼續等嗎？等著來台灣看看，她丈夫生活了四十年的地方。

媽媽沒有計較爸爸把孃帶來，孃也沒有擺架子給大家看，反而很努力的適應這裡的生活，那是她們對彼此的善意和接納吧？

父親的原生家庭是開酒廠的，他曾笑著跟我說那時結婚時酒席有阿根廷的魷魚。以前我不懂這有什麼意涵？後來才明白，在內陸的老家吃海鮮是何等特別的事？父親在大陸其實是過著優渥的生活，孃也曾經是一個在優渥中的少奶奶吧？

記得媽媽說過，有一次到爸爸家看見孃要削苦瓜皮，孃跟媽媽說這個皮不好削，媽媽說苦瓜不用削皮，洗好、切好，就可以炒了。孃之前沒有看過、吃過苦瓜，但是她在生活中受過的苦，都變成她臉上滿布的紋路。

歷經文革、土法煉鋼等一堆考驗，還可以有和藹的態度，是因爲選擇善良吧？媽媽與孃都是很善良的人。善良的人不會彼此傷害，因爲生活已經有很多苦楚了！

媽媽把孃當成她早逝的媽媽一樣對待，而孃怎麼看媽媽呢？媽媽比她在大陸的女兒還年輕，她看媽媽就像是一個她可以聽、可以學習的對象吧？孃靜靜的聽，慢慢的學，學著融入新地方與新生活。

讓人變老的不是時間，而是停止學習

我們總是在長輩的身上看到待人處事的樣子，當長輩熱中學習，也願意優化自己時，其實都很受後輩的尊重與喜愛。**一個人變老，不是年齡讓他變老的，而是不肯學習的心，會老得特別快。**

保持學習，讓生命發光，光陰就不再只是流逝的感嘆，而會變成讓自己更好，讓世界更好的推力。

卡蘿．杜維克博士（Carol S. Dweck）在《心態致勝》（*Mindset*）一書中寫著：「『能力』並非只有一種意義，而是具有兩種意義：一種是需要被證明的定型能力，另一種是可以改變的、可以透過學習來發展的能力。」

成爲母親之後，我在原本的定型能力中開展出更多學習而來的能力，只因爲孩子不停的拋出問題與需求，在想給孩子更好的教養與引導中發現，不停學習的自己，收穫與成長卻更豐碩。

孩子的出現，讓我在回顧生命的初起與成長過程中，更圓融自己的生命經驗。一邊被孩子與家事掏空，一邊也不停的吸收和進化，謝謝孩子們為父母人生帶來的生命學習，讓人生在不停的加分中，持續豐富與睿智。

保持向上、向善，對生命的未知好奇與努力，即便我們知道生命的盡頭是死亡，但如果我們離開世間時，能持續對世界有良善的影響，那死亡，也不再是終止，因為光，不會熄滅，而會有傳光人，接續發亮。

「保持學習，讓生命發光，光陰就不再只是流逝的感嘆」

人生總是會遭遇許多我們不會的事，只要保持學習的心，我們就可以發展更多能力，甚至在教育孩子的同時，更加圓融自己的生命。持續學習，讓自己進步、變得更好，也讓世界更好。

人的一生除了留下出生和死亡兩個日期，中間還可以寫出什麼故事呢？當一個人不再被人想起，才是他在世間眞正的死亡，所以在活著時，我們要多學習與付出。

第五章

讓餘生不留遺憾

選擇都有成本、都需要承擔，
願每一天的流逝，不僅是流逝，
而是在生命厚度的堆疊與積累中，
讓我們都成爲更踏實與穩重的人，
能用智慧活出更好的餘生。

無常，提醒我們珍惜日常的美好

研究所畢業那年，我在一家很小的公司上班，現在回想起來大概是炒外匯的公司，因爲人不多，上了幾天班接受訓練，心理覺得不是很踏實，所以也跟以前工作過的升大學補習班，商討去教課的事宜。

那天中午跟公司同事用完午餐，從餐廳走出來，戶外的陽光燦爛，往右看見前面是紅燈，眼前的車子都停了下來，我們就想直接過馬路，往前走了幾步，然後我就不記得然後了！

死亡原來離我們那麼近

不知道在太虛幻境神遊了多久，恍恍惚惚中我聽到有人焦急又輕聲的喚著：「小君！小君！快醒醒！我是大姊！小君！小君！快醒醒！我是大姊！小君！小君！快醒醒……」

我動了動眼皮，眼皮之間的裂縫透進了光，光影搖晃中模糊的影像漸漸清晰，是大姊寫滿焦慮又擔心的臉。看見大姊的臉，我感覺到眼睛流出潸潸的淚，我意識到我出事了！但我出了什麼事呢？

我什麼都想不起來，也沒有力氣開口說話。身旁鬧哄哄的聲音都像是催眠曲，我好想睡，睡意朦朧間恍惚聽到一個男生從遠處大聲的問著：「剛才急診送進來出車禍的小姐在哪裡？」另一個離我比較近的女生大聲回應：「她大姊來了！在哭！」那個男生說：「會哭了！那就沒事了！」

他們口中那位小姐是我嗎？我是出車禍了嗎？我怎麼會出車禍呢？我全身失重般躺著，有意識又像是沒意識的躺著，好像不能控制身體也無法掌握思緒，呈現既不是放空也不是休息的狀態。我只是疑惑，如果我出了車禍，我怎麼會什麼感覺都沒有呢？

框啷、框啷的聲音由遠而近，再度把我帶回現實。一個穿著白袍的男生說：「尚小姐，我是急診室的醫生，你頭部左側有傷口，我們要幫你進行縫合手術，會剪掉一部分的頭髮……」後面醫生說什麼我全部都不記得了，因爲我又進入太虛幻境。

常言道：「明天和無常，不知道哪一個會先到！」

大二時，我從台中校本部的文學院轉到台北的法學院。全班一共有二十幾位從不同院系轉來的同學，教官要我蒐集轉學生的資料。

雖然大二大家修的課都不一樣，但我們也有幾科會碰面的必修課，所以個人資料陸陸續續也快蒐集完成。

有一天，一位大一跟我同系的男同學問我：「○○○，這個名字妳知道嗎？」我想起是我還沒有蒐集到資料的同學，開口說：「我知道啊！他是歷史系轉來的，我還沒有收到他的資料！」他簡短的說：「他掛了！」我疑惑的問：「什麼是掛了！」男同學突然神情嚴肅的看著我說：「掛了！就是死了！」

「掛了！就是死了！」這句話在我的腦門嗡嗡作響，我簡直不敢相信我連一面都沒有見過的同學，怎麼會突然就死了呢？我的思緒變成亂七八糟的毛線團，只能開口問：「怎麼會這樣？」男同學說：「聽說是騎機車上學，在路上發生車禍！」

車禍！爲什麼會出車禍呢？我還是不知道我爲什麼會發生車禍？

意外讓規律的生活突然中斷

縫合完頭部的傷口，處理過其他地方的外傷，醫生說觀察一下，如果沒有什麼狀況，我們就可以出院了！

姊姊覺得醫院的處置太馬虎不夠仔細，她聯絡了另一家區域醫院，要讓我做腦部斷層掃描，除了外傷，也確認腦部有沒有其他問題。

當我被放上擔架，看見了原本在山上修行的二哥，二哥陪我進入救護車，那是我第一次坐救護車，應該說是躺在救護車上。

平躺在救護車上，車子開始快速行駛，看著救護車的車頂，我覺得自己不是在移動，比較像是在漂浮，好像我漂浮在外面，看著躺在救護車上的自己，一種接近死亡又像是靈魂出竅的感覺。

救護車喔伊喔伊的聲響，伴隨著一陣又一陣急促的喇叭聲。喔伊喔伊、叭叭叭叭，喔伊喔伊、叭叭叭叭，喔伊喔伊、叭叭叭叭……。一場車禍，我進了兩次急診。

第一次失去意識的我，不知道怎麼被送進醫院，第二次雖然帶著意識，但感覺意識好像也不是自己的，我像是個第三者看著一切發生，我是我，但我不能控制與主導我的一切，我還是我嗎？這就是無常嗎？

大二時遇上同學車禍身亡，大概是我遇上的第一個生命中的無常，那時我常常想著他的父母會有多傷心難過？一個好好的孩子，好不容易養大了，就這樣沒有了！

媽媽一定也很擔心我，但我什麼都想不起來，常常只是全身不對勁的躺在床上，媽媽總是隔沒幾分鐘就會走到房門口，看看我，看一看又離開。

一場車禍，牽動了好多人，原本排定的授課取消了，跟男友計畫好的出遊取消了，後續養傷與和解事宜，讓我的人生像是被按下暫停鍵。

暫停，要如何再啟動呢？

停下來，是爲了看見美麗的風景

肇事對方的主管跟姊姊聯繫說，他認識一位民俗治療師傅，可以幫我把錯位的筋骨復位，這樣應該會睡得比較好，可以幫助身體的恢復。

到了民俗治療館，治療師看到我就說：「妳好像金庸筆下的小龍女！」我想著小龍女的一生大多坎坷孤寂，不但遭遇非禮還在斷腸崖獨活十六年，有點淒清。在身體被轉來折去中治療師突然又說：「妳小時候是不是常常生病吃了很多藥？藥害都留在身體裡了！妳要多多按摩小腿排出藥害！」小時候指的是童年嗎？童年的我眞的常常生病、吃藥。

那次民俗治療好像眞的把錯位的筋骨完成復位，晚上確實睡了一場好覺，讓我開始對西醫之外的民俗治療和中醫，感到好奇。

人生唯一不變的事就是隨時在改變，我們有多少彈性去面對改變，甚至接納改變後也讓內心轉變，那會把我們帶往不同的成長之路。

那場車禍是我人生的第一場無常，把我生命的排序全部打亂。紊亂中的我不但沒有站穩腳步，還被後續的官司弄得心力交瘁，更不知道未來的無常，像是海浪一波接著一波的向我打來。

延燒三年多的疫情，讓大家常常困在家裡守護健康，但這些暫停移動的舉措反而讓我重新看見小時候常常見到的遠山，也更常在夜空中發現閃亮的星星。**暫停，像是樂曲中的休止符，雖然不一定必要，但適當的休止，卻能讓我們感受生活的美好。**

無常，雖然常常用著殘忍的面貌現身，但當我們有智慧破解它的偽裝，便能發現那是一份生命的禮物，你也能拆解無常的偽裝嗎？

不要等著無常來時，才讓我們靜下心思考，要偶爾替繁忙的生活按下暫停鍵，想一想，這一生所求爲何？我有沒有活成自己喜歡的樣子？有沒有好好珍惜愛我的人和我愛的人？有沒有善待自己和衆生呢？

「偶爾暫停，讓我們感恩所有」

生活日復一日，我們常被繁忙的工作追著跑，或是把生活排滿了行程，然而明天和意外，你不知道哪個會先來，所以我們需要適當的休息，即使不小心被按下了暫停鍵也沒關係，趁機停下來細想、沉澱，感受生命帶給我們的啟示和收穫。

陪孩子成長但也不要把他的生活塞滿，要讓孩子學習靜思與靜心，才不會在追逐中錯過已經擁有的。

放下執念，放過自己

突如其來的車禍造成我頭部外傷，常常讓我昏昏沉沉又想哭，醫生說我有憂鬱的現象，要多接觸外界。車禍後，因爲跟肇事對方的和解談不攏，我一邊自己上法院寫訴狀，一邊接觸新的工作重新上班。

因車禍官司而身心俱疲

第一次開庭的時候，庭上的法官問對方的第一句話是：「你有竊盜前科嗎？」當他冷靜的回：「對！」時，我的內心驚起萬丈波瀾。怎麼會被有前科的人撞到呢？他看起來年紀輕輕居然有前科，究竟是曾經發生過什麼事呢？這場官司還要打多久呢？還要這樣繼續下去嗎？雖然我心中閃過無數個問號，但我也不知道究竟什麼才是對的、好的？

不記得出過幾次庭，但每出庭一次我就覺得又煩躁又無奈，甚至我在這段期間還換過工作。最後在接到判決書的時候，我已經在前五百大的企業工作，那時，我突然覺得夠了，我不想要對方的任何賠償了！我要放過他，也放過自己。

車禍造成的頭部外傷，留下一個十元硬幣大小的面積長不出頭髮，那時我很怨恨那場車禍讓愛美的我留下疤痕。因爲這個怨，讓我覺得對方必須賠償吧？

年輕的時候我們很容易就困在「是他害我變成這樣的」觀點裡。是他，從小不讓我學習吃苦，害我長大反而一直在吃苦；是他，反覆的劈腿讓我對愛情失去信心。是他！是他！都是他害的。

永遠都「是他」、「是他的責任」、「是他害我變成現在這樣」……眞的是這樣嗎？

在車禍官司中，法官會問當天的天氣狀況，因爲這會影響到能見度和視線。一場車禍中，雖然總是有肇事者和被害人，但有時候其實雙方或多或少都有責任，而法院的職責，就只是裁奪責任歸屬。

歷經好幾個月的官司煎熬，終於收到判決書時，我卻選擇不跟對方追討判決書中的賠償金額，因爲我覺得自己也在這場車禍中學到教訓，不想再跟對方有任何聯繫或牽扯。

我鬆開了困住自己的結，才發現自己的生命停滯了一段時間。

與有毒的關係劃出清楚界線

撇除車禍意外這種無常的機緣，在尋常的人際互動中，我們有時也會覺得都是別人在傷害我們、覺得自己的困境都是別人害的，但如果我們是心智成熟的大人，應該知道自己其實有能力掌握很多事，而不是完全受外在環境影響。

當別人一開始對我們不禮貌時，如果你選擇息事寧人，也許對方就會養成習慣，認爲是我們默許的。別人如何待你，如果你不希望被這樣對待，在一開始的時候就要說明，不要讓別人養成習慣。

好的習慣、壞的習慣都是被養出來的，這些習慣的好或壞，都需要我們帶著覺察去檢視，維持好的習慣，戒除不好的習慣。至於要如何分辨習慣是好是壞？如何戒除和培養習慣？可以閱讀已經長紅好幾年，詹姆斯·克利爾（James Clear）所寫的《原子習慣》（*Atomic Habits*）

一書。

想要擺脫有毒的關係，就要清楚自己的界線在哪裡。在那場車禍中，我起初因為不甘心而想要對方賠償，但長時間的官司已經讓我覺得賠償不是最重要的，最重要的是我想把這件事結束。不再想要對方的賠償後，我也不需要依據判決書向對方索償、與對方接觸，而可以讓自己的生活進入不被車禍事件干擾的常軌。

原諒，不一定是要原諒對方犯的錯，而是也要原諒那時候不懂得保護自己的我。我在那一場車禍後被打亂了職涯計畫，如果我當時乖乖的走到斑馬線而不要貪快，也許就不會發生車禍了！我在這裡不是教大家要責怪或批判過去的自己，而是要懂得在錯誤中找出可以學習和優化的價值。

在錯誤中學習，雖然挺痛苦的，但學到的都能增強自己的能力、獲得更睿智的洞察力。

不要失去自己人生的主導權

當我們面對問題時，如果把焦點或觀點都放在「是對方害我們」，那我們在人際關係中很容易就迷路或受到傷害，因爲如果都是對方害的，就代表對方可以輕易控制我們怎麼做、怎麼說或怎麼想，這樣的話，我們不是就對自己的人生失去主導權了嗎？

劉素珍老師在《最黑暗處仍有光》這本書中寫著：「眞正的學習、修行、悟道，始於生活中一點一滴的平凡之處，不必刻意去追求，只要去注意，任何小地方都能領悟。」當我注意到自己的執念，我鬆開那個肇事者「害」了我的執念，不再覺得是肇事者「害」了我，我不但釋放讓自己不舒服的負能量，也學習到自己下次可以更注意、更小心的遵守社會規則，這才是對自己生命眞正有幫助的收穫。

爲了避免被別人誤會或誤用我的文章，我要特別說明，只要是法律明文規定的事，一旦觸犯就是違法，不需特別說明。這幾年被廣泛討論的 Me Too 事件，因爲大家過往對身體、言語等各種界線不清楚，造成女性常常被不禮貌對待。

我們年輕時沒有《性騷擾防治法》，在職場上或大眾運輸工具上，難免遇上讓人不舒服卻不知道該怎麼辨的事，現在大家熱烈討論與規範，才能給兩性一個更健康與更自在的職場環境、生活環境。

「情與法，要課題分離」

人際相處有許多界線，法律是有形也有效力的界線，而情緒是無形卻最有傳染力的。法律保護有形的距離，情緒卻常常混淆人我的距離，我們除了要知道用法律保護自己，也要學習覺察與調節情緒，才不會被自己的情緒所困惑、被別人的情緒勒索。

當我們面對問題時，要把課題分離清楚，由法律所管的讓法律解決，是情緒造成的讓情緒調節，這樣我們才不會讓觸法的人逍遙法外，也不會困在情緒的執念中。

為心安一個家

小時候家門前是一片廣大的農田，我們看著季節的變化，農夫會依序耕耘、插秧，當綠油油的稻秧中長出金黃色的稻穗後，再過不了幾個月就會收割，收割之後，大家都喜歡跑到田野間遊玩。

每次跑出門玩之前，爸爸都會交代我們：「不要一直在外面玩，要記得回家問問看家裡有沒有事？」小時候的我眞的好乖，每次都會跑回家問問爸爸家裡有沒有事？爸爸往往也笑笑的說沒事，妳出去玩吧！

那年清明假期，我和媽媽在外面玩了好長一段時間，爲什麼還沒有回家呢？家裡有沒有事呢？我不敢問媽媽。

漂泊的童年，只想回到溫暖的家

也許是目睹媽媽差點被海浪吃掉的畫面太恐怖，我也對去海邊玩失去興趣。有一天躺在床上的我覺得很煩、很悶，就是不想起床，聽到阿姨家的哥哥姊姊喊著：「小君，快起床！我們出去玩！」我甚至故意側身背對著他們裝睡。

「小君，快起床！我們出去玩！」

「小君，快起床！我們出去玩！」

「小君，快起床！我們出去玩！」

這些聲音喊得越熱情，我的心情也越煩悶，我不知道我到底怎麼了，但我就是不想搭理他們。突然我聽到阿姨輕聲說：「你們不要吵小君，你們先去外面玩，小君在想家！」

小君在想家！想家！當身後的聲音終於安靜下來了，我的眼淚也流了出來，原來我是在想家！

我好想念疼愛我的爸爸，還有哥哥姊姊，我都搞不淸楚我離開家多久了？我更不知道我什麼時候才可以回到家？有媽媽在的地方不是家嗎？爲什麼我現在只能跟媽媽而不能也跟爸爸在一起呢？

小學時唱《甜蜜的家庭》：

「我的家庭眞可愛，整潔美滿又安康，

姊妹兄弟很和氣，父母都慈祥，

雖然沒有好花園，春蘭秋桂長飄香，

雖然沒有大廳堂，冬天溫暖夏天涼，

可愛的家庭呀！我不能離開你，你的恩惠比天長。」

從小我一直覺得自己很幸福，有兩個哥哥、一個姊姊、一個妹妹、一個弟弟，兄弟姊妹俱全的我，爸爸媽媽又和顏悅色的對待我，我好像什麼都不缺，我們家也有一個媽媽用心打理，種什麼都茂盛的小花園。鄰居又常常對我說：「妳是你們家最漂亮的孩子，妳爸最疼妳！」我總是覺得自己長得漂亮又得疼愛眞的很幸運。

原本我們一家也像是歌詞裡的情境，過著熱鬧卻快樂的生活，但爲什麼我現在要住在別人的家裡，卻不回去自己的家呢？

雖然我有滿肚子的疑惑，但我不敢問媽媽，我想是因爲媽媽自己也有很多沒有解決的問題吧？我看見她煩惱的樣子，我怎麼可以再把我的問題變成她的煩惱呢？

但想家又想爸爸和哥哥姊姊的我眞的好難過，我不知道那天流了多久的眼淚，我只希望這樣不安定又不穩定的生活可以早一點結束。我想回家，回到有爸爸媽媽，有兄弟姊妹在一起的家，我不要想家，我想要回家。

終於結束流浪的日子回到家之後，我回到學校上學，媽媽卻開始反覆離家與回家的日子。

能讓心感到安適的地方，就是家

結婚後有一次在聚餐的時候席間公公問：「妳小時候最怕什麼事？我小時候最害怕晚上要起床上廁所，要走到外面，好恐怖啊！」我說：「我小時候最害怕回家看不見我媽媽，因爲我不知道這個看不見會是多長、多久？」

爸媽在我高中的時候分居了，我留在眷村跟著爸爸住了大概十年，念研究所時，眷村要準備改建，爸爸擔心我從宿舍回來沒地方住，要我先搬去跟媽媽住。我跟媽媽住在一起直到我結婚搬出去。

結婚後，我有了自己的家。我常常會想，到底什麼是家？有爸爸的地方是家，有媽媽的地方是家，我自己組織的家也是家，甚至我帶著兒子們出外旅行進駐飯店時，我都會跟他們說：「這是我們今晚的家！」

到底什麼是家呢？

小時候，我們遇上挫折或痛苦的事會想回家，會想找爸爸媽媽討安慰，遇上高興快樂的事也會想回家，會想找爸爸媽媽分享，但沒有一對父母可以陪伴孩子一輩子。

我們會長大，然後我們在愛情中追逐，想找到可以一起建立家的另一個人，或是想追求更大更漂亮的房子來當家。

不管是想找一個人，還是想要擁有一個實體的家，我們都拚命向外追尋吧？我們其實不用盲目的追求外在的家，甚至也不一定需要有另一個人跟你一起成家，而是要在自己心中安放一個心靈的家，讓我們有勇氣與能量接收與付出。

慢慢我明白，**可以安放心情的地方是家，讓你可以一起好好相處居住在一起的就像是家人，而我們最重要的家是自己的心靈城堡**。

只要回到自己心靈安放的家，我就不用擔心外面是風吹還是雨打，我可以跟自己同在，不必擔心外界的紛紛擾擾。

我們可以選擇倒下或是再出發

你心中的家是什麼模樣呢？你有沒有爲自己的心靈安放一個家呢？現在很多人說幸福的童年可以撐起一生，不幸的童年卻可能要用一生去治癒。我的童年大部分都很幸福，但卻也穿插著不幸的遭遇，那究竟是幸？還是不幸呢？

人是一個複雜又有趣的生物，如果我們陷在自己的執著中不肯出來，那就算是千軍萬馬也拉不動，但如果我們願意透過學習突破自己限定的框架，那我們就可以一直前進與優化，讓改變易如反掌。

這些選擇，往往只是在轉念之間，端看你是要固執己見，還是要讓自己接受學習而做出更好的改變？現代先進腦神經科學告訴我們，人的大腦其實可以保持學習與進步，讓我們保持成長型思維，常常練習由不同的觀點和角度切入看同一件事。

轉念之間，轉著、轉著，就鬆開了結，只是難免念著、念著，又深陷其中。如此反覆，如此在人生中匍匐。

在學習向上的人生中，我們難免會被下墜的力量打擊，這時候需要靜下心來，回到自己心的家園檢視，重新盤點自己有的、要的、想的，斷開不適合的、捨棄不要的、離開困住我們的境，釋放與清理，才能重整資源與步調，再出發。

你，有爲自己的心靈，安放一個家了嗎？

「在心中安放心靈的家，讓我們有勇氣與能量接收與付出」

很多人都想要有一個家，覺得要有屬於自己的房子、一起成家的人，於是惶惶找尋，最後得到了卻仍不滿足，其實這是因爲自己的心始終沒有安定下來。眞正的安定不需要外求，只要能讓自己學會轉念，便能無處不安穩。

幫自己安放一個心靈的家，不管人生有多少挑戰或困苦，你都要相信自己的心靈，能生出支撐與轉變的力量。

活得健康，預防重於治療

媽媽在眷村中，因爲信仰的關係和一群婦女結成姊妹。媽媽愛笑，讓她在其中總是顯得特別漂亮與光彩。

小時候我覺得媽媽的身體很好，因爲我常常生病，都是媽媽照顧我。每次發燒時，我都會看著家裡曬著的白色床單，聽著牆上掛鐘滴答滴答的聲響，恍恍惚惚的進入夢境之中，每次都是夢到同一個夢，夢裡有奇怪的時鐘帶著我到處玩，玩出一身汗的我夢醒了，燒也退了！白色的床單、牆上的掛鐘、夢裡的時鐘和發燒的我，是經常在我小時候反覆出現的組合。

小學三年級後，我就會自己在放學後去診所看病，看病看到連醫生都會問：「妳為什麼常常會生病呢？」

我為什麼常常會生病呢？小時候的我不知道要如何回答醫生，現在的我明白了，除了小時候因為對氣味敏感而異常挑食，我有太多的焦慮和擔心無法消化，身心都失衡的情況下使得身體的抵抗力變差，成了名符其實的藥罐子。

害怕吃藥，反而延誤病情

媽媽偶爾也會生病，但媽媽從來都不肯去看醫生、不肯吃藥，她總是自己摘一些草藥煮黑糖喝。長大後的我們還是會喝媽媽用黑糖煮的草藥水，甚至有些晚輩會稱：「這是阿嬤牌可樂！」

我也很好奇為什麼媽媽不肯去看醫生，有一次在跟媽媽的聊天中才知道，外婆當初小產住院，原本醫生說可以出院回家了，卻又受到感染，最後在醫院過世。原本送到醫院去的外婆只是需要調養，沒想到最後卻變成天人永隔，這是媽媽日後不願意上醫院看病的原因嗎？因爲她不信任醫院嗎？

媽媽說：「小時候看見大人吃藥吃到要洗腎，只要洗腎，一輩子就完了！」

以前沒有健保，看病要自己負擔全額，讓很多人寧願聽從偏方治病嗎？很多人在生病的時候聽從旁門左道的偏方爲自己治療，這其實是很不健康也很危險的選擇。

媽媽因爲糖尿病而不願意好好接受治療、用藥與回診，後來出現一系列的併發症，最後還因爲昏迷而住進加護病房。當我趕到醫院簽署血液透析同意書時還在想，當媽媽清醒的時候，會責怪我、怨恨我讓她洗腎嗎？

當媽媽從昏迷中甦醒，她沒有責怪我，還特別交代外傭要好好照顧她，不要讓她再昏迷，而媽媽也很認分的接受一週有三個早上要去醫院洗腎。

我有時候在想，媽媽當初那麼害怕吃藥吃久了要洗腎，而不願意好好配合吃藥，但因爲沒有定期回診治療而昏迷後洗腎，她卻願意接受。如果，媽媽可以早一點就願意好好治療糖尿病，是不是就不會有後續這些更糟的發展呢？媽媽會後悔嗎？

不要等到失去健康後才開始後悔

婆婆過世後，我的胸口每天痛到不能呼吸，但我沒有特別去看診，而是在做胃鏡檢查前發現心肌缺氧，檢驗師要我一定要去心臟科就診。我吃了幾個月治療胃食道逆流的藥後，在一次家族聚會中詢問當醫生的親屬：「心肌缺氧很嚴重嗎？」對方說：「很嚴重！會死！」「會死」兩個字確實嚇到我，於是我乖乖的去心臟科檢查。前半年做了很多相關的檢查後，醫生要我每三個月定期抽血回診。一方面覺得自己還年輕，一方面大概是心裡抗拒自己是慢性病病人吧，追蹤半年我就自己停止回診。

直到幫媽媽簽署血液透析同意書時我才在想，如果我像媽媽一樣，之後出現更不好的狀況，那時會不會後悔自己沒有好好照顧身體呢？我不應該讓自己有後悔的狀況發生。

以前的觀念是有病治病，但現在是預防重於治療。

現在平均餘命是八十幾歲，而台灣的老人受限於失能、臥床、嚴重慢性病等，二〇一九年不健康生存年數近八．五年，創下歷史新高，甚至有增加的趨勢。這不單是活著的人辛苦，要支應開銷的家屬也很痛苦，**我們不是要追求苟延殘喘的不死，而是要更健康的活著**，這就必須在中壯年時期超前部署。

人到中年，眞的不要仗恃自己還年輕，要爲老後的自己多考慮一下。減少熬夜、減少吃空熱量食物、減少情緒過度的勞動，要適度的運動、要均衡的飲食、要盡量保持情緒的平和，還要定期做身體健康檢查。讓我們的生理、心智、情緒和心靈，都保持在平衡的狀態，是重要的養生概念。

常有人說人老了沒有錢很悲哀，但如果人老了錢都花在治病上會比較快樂嗎？有一位朋友說得很好：「身體如果壞了，有些零件是有錢也買不到的，要好好照顧身體。」千萬不要諱疾忌醫，預防勝於治療。

很多晚輩討厭長輩的守舊和迂腐，但如《論語．述而》上寫的：「三人行，必有我師焉。擇其善者而從之，其不善者而改之。」當我們看見長輩不健康的觀念或行爲時，我們可以提醒自己要做改變，也可以把更健康的觀念用更善巧的方式傳達給我們的長輩。

在生活中多帶一點覺察和學習的熱情，就可以在這個資訊容易取得的年代，活得更健康與自在。

「長壽，不是要苟延殘喘的不死，而是健康的活著」

很多人仗著自己還年輕就肆意熬夜、暴飲暴食等，不愛惜自己的身體，等到發現罹病才追悔莫及，其實預防勝於治療，想要老年生活不臥床，就應該趁年輕打下良好基礎，讓自己身心都健康自在。

平常要勤動四體，但減少情緒過度勞動，注意養生資訊並選擇適合自己的方式來改善生活習慣，這才是珍愛自己的日常實踐。

擁抱來時路，才能展望未來

二十一世紀初，我跟妹妹陪著爸爸和孃要回大陸去探親。這對從小學大陸地理與歷史的我們來說，有些近鄉情怯的激動，而且還可以一探父親小時候的成長之路，更是讓人興奮與雀躍。

一大早我們到了機場，先飛到香港轉機廣州，再從廣州轉機到南陽時，已經夜幕低垂。當抵達南陽機場，見到相片上看過的大姊叫著：「小君，妳一看就知道是我們家的孩子，跟爸爸是一個模子印出來的。那妹妹應該是像媽媽吧？」大姊熱切又和善的笑容，讓人不覺得我們只是第一次見面，我也熱情有禮的叫著大姊好，在一旁的父親開心的說著：「這一聲大姊叫得多好啊！」

血緣，是一種奇妙的關係，會自動消弭距離嗎？但那些越親近反而傷害越深的人又是怎麼一回事呢？

相隔四十年，始終等不到團聚

不知道當初我們要陪父親回大陸探親時，父親有著怎樣的心情？民國七十六年底開放大陸探親後，父親一馬當先的跑了回去。回來後說：「我的家鄉居然比我離開時還殘破！」

父親的父親也就是我的爺爺在家鄉開設酒廠，聽說爺爺在八路軍來時，把所有的財產都捐了出去，獲得「開明商人」的封號。

大家都聽過很多關於大陸文革時批判鬥爭的故事，父親說有一次文革這把火也燒到奶奶的身上，她們幾個老人家被抓到廣場去，一群人圍著，一人一句的問家裡的錢藏在哪裡，問一句就推一下老人家，那些老太太不禁推就跌倒，倒地後又被扶起來再問、再推。如果沒有人營救這些老太太，她們甚至會被這樣活活推死。

有人去跟叔叔通風報信，叔叔立刻跑到廣場去跟大家說：「我們家所有的錢都捐出來了，大家都知道我們被封開明商人，家裡哪裡還有藏錢？」這就把奶奶帶回去了！

「開明商人」這個封號，大抵保佑了爺爺、奶奶、叔叔、嬸與大姊的平安，只是爺爺奶奶還是等不到與爸爸親子團聚。當父親第一次大陸探親回來，整個人像是老了數十歲，他說：「我的爸爸先過世了！我的媽媽在過世前，看見什麼東西都要翻開來找，連棉花都要翻開來找，那是我的媽媽在找我啊！」失去爸爸媽媽的孩子，是不是會突然老化呢？爸爸在第一次探親的那一個多月中，聽到太多讓人傷心的故事，那些淚水變成鹽，醃漬著他不堪負荷的肉體，顯現出歲月刻劃的紋路。

以前人說「活要見人、死要見屍」，那些不知是死是活又音訊全無的人，讓親人不斷臆想與猜測，在天天年年的困惑中，都熬成了怎樣的折磨呢？

珍惜還能當孩子的時間

見到第一次見面的親人既開心又悸動，但離大姊家還有路程。她讓我們去洗手間，進入洗手間我嚇了一跳，廁門很矮，矮到有人站在廁所裡數錢我都看得見，這些有別於我過往經驗的種種事物，就好像要用「大陸尋奇」的心理參與，那是我給自己的心理建設。

離開機場，四周的昏暗，讓我看不清楚外面的景物，也不知身在何處。當我們無法消除黑暗，也只能融進黑暗中，就讓車子幫我們平安抵達吧！

年輕時的我們，總想著前程，想著自己要如何努力，才能出人頭地，當我們想到要看看來時路時，往往是爲人父母之後吧？父母是在成爲父母之後，才學習當父母的，而孩子往往是在成爲父母之後，才開始會當孩子的。

變成父母的孩子，在養育孩子的過程中，會想像著當初父母養育自己的經歷，而開始回過頭看父母，才發現父母老了，不禁想到自己還有多久可以當孩子的機會？而更願意在父母面前，好好當著孩子。

《論語》中弟子問孔子，什麼是孝？孔子說：「色難。有事弟子服其勞，有酒食先生饌，曾是以爲孝乎？」有事情子女去做，有美食讓長輩吃，這樣就是孝順了嗎？其實可以和顏悅色的對待長輩，是最難的。

特別是時代一直在進步，我們往往覺得自己比父母厲害很多。跟父母聊起新知識、新技能時，很難不流露覺得他們太落伍的嫌棄或不耐煩的情緒吧？

前程很重要，但如果我們功成名就時沒有父母可以分享，會不會遺憾呢？在追尋的路上，不管你是不是爲人父母了！要抽空看看來時路，跟父母和顏悅色的說話，讓父母覺得跟你這個孩子在一起時，可以很放心、很舒服。**當你的來時路穩固，要鋪展前程，會順利很多。**

鬆開緊握傷痛的手，讓自己繼續前進

也許有人會問，父母在成長的過程中，帶給我很多傷害時，要怎麼辦呢？要跟原生家庭保持距離嗎？我說，因爲上帝照顧不了這麼多的人，才讓每個人都有父母照顧，但家家有本難念的經，很多人都是帶著傷痕長大的。

也許，有些小時候的傷痕，眞的是有人惡意爲之，但也有些傷痕，不是有人故意要傷害你，而是大家都不知道這樣會造成傷害，所以我們學習，才能避免不知道是傷害的傷害發生。

受傷，已經很可憐了！我們何苦還要緊抓著傷害你的人不放？**應該鬆開這場際遇，用我們鬆開的手抱抱自己，給自己繼續前進的力量和勇氣！**

在學習的路上，一方面療傷，一方面茁壯，當我們有柔韌的心臟時，就能跳動出溫暖與力量，幫助有緣的人。

人之所以為人，就是會覺察與自省，願意分享與連結。時代不斷進步，我們更知道如何去分辨好壞對錯、要與不要、適合與不適合，但不管未來有多少選擇？有多少前程？我們生命初始的父母，卻不能換。

想好好愛父母的，就好好跟父母經營關係，讓愛流動；想跟父母保持距離的，就劃出安全的界線。選擇在己，承擔結果也是自己的責任。

「不再緊抓傷害自己的人不放，而是鬆開雙手抱抱自己」

過去的傷害不應該影響你的未來，與其封閉自己、雙手緊握傷痛，不如鬆開雙手，好好抱住自己、鼓勵自己，讓自己繼續前進，並給予需要的人幫助。

雖然生養我們的父母不能改變，但當我們換一種眼光，重新回頭審視父母時，會發現隨歲月帶來的能力與智慧，已經讓我們成長與優化。

我們都不需要時光機

我很喜歡跟孩子們聊天說話，孩子們小時候常常天馬行空說出很多幻想的故事，長子在幼兒期甚至有兩位想像的朋友，聊天時都讓我們覺得他那兩位朋友很有趣。

在跟孩子們的對話中，除了聽他們新奇古怪的想法，有時候我也會分享過往的經歷，或是從文章、新聞和戲劇中得到的感想，這讓孩子即便進入青春期，還是很喜歡跟我對話。

有一次聊天時，當時在讀國三的長子突然問：「媽媽，如果有時光機，妳會想回到高中，不要退出樂隊嗎？」

我說：「不會想回到高中。」

他問：「如果妳沒退出樂隊，樂隊就不會解散，妳就不會一直背著這個遺憾啊！」

我說：「比起遺憾，我更喜歡現在跟你們在一起生活，因爲媽媽很感謝你們兩個來當我的小孩。如果回到過去、改變過去，我可能就不會跟你們成爲母子在一起生活了！比起這樣，媽媽更願意承受高中的遺憾，也不想沒有你們。我很珍惜你們當我的孩子，不會想回到過去改變什麼唷！」

意外進入樂隊，當上指揮

因爲眞的很愛孩子，才會跟孩子分享生命中的光明和黑暗、喜悅和陰鬱，希望孩子可以看見媽媽的光鮮亮麗，也知道媽媽曾經垂頭喪氣。

剛進入高一時，因爲學校是當地的第一志願，大家都興奮開心的當著高一新鮮人，那時要選社團，發現樂隊在招生，雖然有一點動心，但我沒有另外學習過音樂課程，想想就作罷了。沒想到樂隊招生不足，學校廣播要所有高一的女生去操場集合。

訓導主任和教官在各班前尋覓適合的學生，當訓導主任點到我時，我沒有馬上站出去，他走到下一位同學面前，看我還沒站出來又退到我的面前說：「妳！」我只好往前站一步。

遴選結束回到班上，有一個同學對我們幾個入選的同學說：「我就知道妳們會被選中！」有一個同學笑嘻嘻的問：「爲什麼呢？」那個同學回答：「因爲妳們又高又漂亮啊！樂隊要選人，一定是選又高又漂亮的啊！」

這群又高又漂亮的女生，跟當初自願參加樂隊的同學，形成樂隊兩種氛圍。教練教我們認識樂器和上樂理課程，到要分發樂器時，有一位國中是樂隊的同學說：「妳可能會吹伸縮號，站樂隊第一排，還有教練會叫大家把手伸出來給他看手指長度，手指長的就會吹豎笛。」

主修豎笛的教練沒有叫我吹伸縮號，他看著大家的手指分配我吹豎笛時，我還很疑惑的說我的手指不長，教練仍說：「妳吹豎笛！」

又學習了一段時間，教練把我叫到一旁問是否有學過鋼琴，我回答沒有，他還納悶的問：「眞的沒有嗎？」我更納悶的回答：「眞的沒有！」他說因爲我的音感很好，以爲我學過鋼琴。到了下週，教練又把我叫到一邊問我國中音樂老師是誰？是否學過指揮？他想要我當指揮。就這樣我成爲樂隊的指揮。

退出樂隊，只是爲了證明自己做得到

爲什麼會退出樂隊呢？

我們已經可以在升旗的時候，正常演奏國歌、國旗歌和頒獎音樂了！但樂隊一直有一種奇怪且失調的氛圍。有人離開、有人加入，人員來來去去的樂隊很不穩定。那時我一位好朋友找了替補的人也離開樂隊了，我跟她說我也想離開樂隊時，她說：「不可能，妳是指揮。」

那時學校又選了一個室內指揮和隊長，我爲了和同學證明我想做的事沒有不可能，就開始盤算要如何退出樂隊。現在才知道青春期的孩子眞的很想「證明自己」，那時我如果把那股力量用在別的事情上面，是不是更好呢？

我先跑去跟班導說心聲，接著寫了一封文情並茂的信寄給訓導主任，盤算主任收到信後，在班導的課上，我跑去跟訓導主任說要退出樂隊的事。還記得那時三位師長想說服我，我卻越辯越執著，一定要退出。訓導主任最後只好說：「如果教練讓妳退出，我們就讓妳退出！」

教練問我爲什麼想退出樂隊？我回答我想讀書。教練讓我退出不久後他也辭職了！接著樂隊就解散。

雖然我證明了自己做得到，但後續的一連串效應卻出乎我的預料，我沒有成功的喜悅，而是被愧疚感凌遲。

現在回頭去看，其實很感謝師長的尊重與包容，讓那麼不成熟的自己可以這麼任性。只是我自己承受不住任性的後果，讓我又封閉起自己，開始不停拒絕後續其他的機會。

當同學選我當司令台上國歌的指揮時，我很生氣的跑去跟班代說：「我才退出樂隊指揮，不會去當國歌指揮的。」那時努力想做自己的我，卻不知道自己要的是什麼？

因爲心裡總是混亂一片，讓我的身體也越來越糟，大隊接力時甚至跑不回終點，在最後走去交棒時，我第一個想到的不是擔心自己的健康狀況，反而是慶幸自己可以擺脫跑大隊接力。那時我的身心在失衡與失控中不停墜落吧？

時間無法倒回，別讓過去的經歷白費

如果有時光機，你會想回到哪一段過去呢？**時光不可逆，但我們可以換一副全新的眼鏡，去解讀經歷。**

我曾經詢問過另一位指揮會怪我退出樂隊嗎？她看著我真誠的說：「一開始會，但後來想想，每個人的想法都不一樣，而且妳也沒想到教練後來會辭職、樂隊會解散啊！」

人生有多少事想不到呢？而我們是否仍卡在當初的「想不到」而不肯出來呢？

俗話說「解鈴還須繫鈴人」，但有些結是自己綁上的，而有些繫鈴人卻早已離開自己的生命了，那我們還要用過去的經歷，不斷的折磨自己嗎？

我們其實不需要時光機，我們需要的是愛的勇氣，去愛那個年少輕

狂不懂事的自己，讓在成長中所付出的代價，都沒有白費。

選擇都有成本、都需要承擔，願每一天的流逝，不僅是流逝，而是在生命厚度的堆疊與積累中，讓我們都成爲更踏實與穩重的人，能用智慧活出更好的餘生。

「我們其實不需要時光機，
我們需要的是愛的勇氣」

你是否曾經後悔過？是否想回到過去呢？人生難免會遭遇挫折或是做出後悔的決定，但時光不可逆，重要的是原諒自己、愛自己並從那段經歷中獲得啟發，讓過去經歷的苦痛沒有白費。

忙碌的生活讓我們用慣性處理很多事情，一方面節省時間，另一方面卻讓我們失去改變的勇氣。在生活中要多帶一點「覺察」，才能發現慣性有好有壞，持續好的習慣，但壞的習慣也需要修正和調整。

不要忘了擁抱的力量

我們一定都是在擁抱中長大的。不管是喝母乳還是喝牛奶的小嬰兒，都是被抱著餵奶的。我們生命的初始，一定是有人好好的抱著我們餵奶，我們才可以在有形的物質和無形的愛中，逐漸成長。

只是擁抱如果沒有變成習慣，有些人長大後就會忘了擁抱的感覺。

擁抱，傳遞著愛與祝福

還記得有一次家人在聊天，不知道爲什麼就聊到擁抱的話題，大哥就問可不可以抱我一下，我說不要！大哥笑著問：「讓大哥抱一下有什麼關係？」但那時我就是覺得彆扭而不願意。也許是小時候成長的環境很含蓄內斂，大家不會赤裸裸的表達感情，也不會用擁抱來跟對方連結，我們可能也未察覺到擁抱的力量，而且在高中父母分居後，兄長們陸續當兵出社會工作，我跟他們常常要很久才會見一次面，那種有些彆扭的生疏，好像不是那時可以用擁抱來拉近的。

但我很感謝姊姊把擁抱的習慣，帶進我們的原生家庭。在姊姊結婚生兒育女之後，她每次帶孩子們回去看阿公阿嬤要離開時，都會讓孩子們跟阿公阿嬤抱一下。

姊姊說這個擁抱是晚輩感謝長輩的招待，也是彼此傳遞著祝福與情感，我聽姊姊這麼說，覺得眞好。在我成爲母親後，我也開始讓兒子們在離開阿公阿嬤家前，跟長輩擁抱後道別。

慢慢喜歡上擁抱的感覺，可能是成爲母親後。抱著自己心愛的孩子餵奶，看著孩子認眞吸奶的模樣，眞的讓人覺得很幸福。因爲喜歡抱孩子，孩子也願意抱家人，即便後來他們長成青春期的少年，我還是會在他們出門前抱他們一下，祝福他們今天一切順利，告訴他們：「媽媽會在家等你們回來！」

當婆婆發現癌症、進行手術治療後，在她手術傷口復原期間，我請先生每次要回去前也跟婆婆擁抱一下，後來他們母子也養成臨別前擁抱的習慣。

只是有一次先生要去開車時，因爲婆婆在上洗手間一直沒出來，先生就先去開車了，當婆婆出來發現她兒子已經出門時，有點遺憾的說沒有抱到他，看著婆婆無力的拖著身體往沙發上坐，我感受到一個母親的失落，我很想用自己的力量來接住那份失落，我輕輕的說：「媽媽，讓我代替翔祺抱妳一下！」我俯身抱著坐在沙發上的婆婆，婆婆用很溫柔的聲音說：「謝謝妳！」

抱抱自己，爲自己灌輸勇氣

如果可以，我也好想好好的抱抱父親，只是以前還沒有意識到擁抱的意義與重要性。還好我後來常常擁抱母親。

父親過世十幾年後，母親也因病往生了！有一天，我一個人在河濱散步，感受著春風吹拂，拂面而過的風彷佛只在我身邊吹送，抬眼望向蒼穹，滿天的雲都駐足原地，成爲天上星星的父母離我好遠啊！滿心思念著父母卻永遠也觸摸不到。

在夜夜以淚洗面的思念中，我才恍然發現，原來我這一生最恐懼的，是成爲無父無母的孤兒。但當父母眞的遠行，我才明白，父母給我的愛，已經落實在我的日常生活中了，因爲他們的ＤＮＡ是我生命的原型，他們爲人處世的方式是我待人接物的準則，他們的一言一行在記憶中牽引著我的一顰一笑，當我眞的很想念父母的時候，我會抱抱自己。

抱抱自己，就像是父母抱著我一樣，我在收獲父母給我的愛；抱抱自己，也像是付出自己的能量、給自己勇氣。**擁抱，既像是付出也像是收獲；擁抱，是賦予也是接納。**

如果你傷心了，卻發現沒有人可以給你安慰，那就試著抱抱自己吧！抱抱自己，讓自己在這樣的付出與接納中，重新整理內在資源、產生力量，要相信自己是有力量的、要相信自己是有能力經營自己想要的生活。

相信自己，你才能與自己同在，成爲最支持自己的力量。

「擁抱，
既像是付出也像是收獲」

擁抱具有神奇的力量，當你在擁抱他人的時候，不但傳達了你的愛與祝福，同時，你也收獲到來自他人的愛。當我們遭遇低潮時，不妨抱抱自己，感受自己正在付出能量、爲自己加油打氣，讓自己重新振作起來。

人生在世難免有傷心或失落的時候，不是每次都有人可以提供救援，甚至我們有時候也需要安靜獨處。學習跟自己相處，學習擁抱自己，會讓我們在孤獨的行旅中，不會覺得那麼孤單。

重新解讀苦痛經歷，讓生命長出新力量

不管是言語暴力還是肢體暴力，任何的暴力行爲都不應該出現在家庭裡。家，是涵養一個人愛與信任、感恩與同理、付出與感受等重要性格的場域，不應該被暴力汙染或破壞。

家庭中不應該出現暴力

當我們搬進現在住的家以後，因爲有孝親房，媽媽常常會趁著寒暑假帶著姪女來我們家小住。姪女陪著兩個小表弟玩，媽媽常常跟我一起聊天、做飯、整理花園等。

有一次聊起年輕時媽媽被爸爸打的事，媽媽說：「有時候被妳爸打過的地方會痠痛。男人力氣大更不應該打女人！」

我說：「對啊！老爸以前應該要跟媽媽好好說話的，爲什麼要打人呢？」

媽媽說：「所以在妳大哥結婚的時候，我跟妳大哥說，不管夫妻怎麼吵架，都不可以動手打女人，還好妳大哥有聽！」

我說：「對啊！不管如何，男人都不應該動手打女人！」

在舊傳統中，女人遇到事情喜歡一哭二鬧三上吊，而男人呢？當男人擺不平女人時，因爲有體型和力氣優勢，就直接動手把女人打一頓，甚至覺得女人只要打一打就會乖、不再亂吵，這樣對嗎？那些智商與情商未開化的年代，是不是已經隨著世紀的更迭，封存在上一個世紀呢？

我很認眞也很努力的回溯童年，還好沒有看見媽媽被父親打的情景，但卻想起一件小時候讓我又害怕又恐懼的事。

那時不知道什麼原因父母在後面發生爭吵，我們妹妹弟弟跟姊姊原本在大床上玩，突然看見媽媽從我們的床邊跑過去，那時已經上學讀書的姊姊，很機靈的叫我們趕快下床跟她走。

原本怒氣沖沖要追趕母親的父親，被我們四個孩子擋住了去路。姊姊突然往地上一跪，我們三個年紀小的孩子也跟著往地上跪。姊姊開始一邊磕頭一邊喊著：「爸爸！不要打媽媽！」

「爸爸！不要打媽媽！」

「爸爸！不要打媽媽！」

「爸爸！不要打媽媽！」……

我們四個孩子不知道喊了多久？磕頭了多久？還好爸爸沒有在我們的面前打媽媽，也沒有把氣出在我們的身上。從現在學習情商的觀點看，那時盛怒的爸爸，也是努力的在調節情緒吧？

換一種眼光看待過去，放下心中的恐懼

雖然寫這段回憶讓我不停的哭泣，但從爸爸努力調節情緒的克制中，我也感受到一個父親對孩子們的愛，讓他可以努力的壓抑怒氣冷靜下來。

如果，當時爸爸衝過我們去打媽媽，那會如何呢？

如果，當時爸爸把氣出在我們身上打我們，又會如何呢？

如果，當時爸爸把氣發洩在物品上，又會如何呢？

還好那些如果都沒有發生，我想，我可以把那時心中的恐懼與害怕放下了！

以前男人打女人好像是天經地義的事，特別是戲劇中還常常會出現這樣的劇情，現在大家普遍受過高等教育，知道要禁止暴力行爲，如果你的家庭曾經上演過暴力事件，就讓暴力事件留在歷史裡，不要重演。

不要在腦海裡反覆重播曾經傷害過你的話語或畫面，讓一切過去，因爲小時候的你對那些事無能爲力，但現在長大有智慧又成熟的你，有能力用新的眼光，發現新的線索來重新解讀經歷。

雖然我們不能改變原生家庭，但當我們換一種角度去看待原生家庭發生過的事，用現在更成熟與更懂得感恩的心態去解讀，我們其實都可以不再那麼難受。

多用覺察來過現在的生活，生活就不會被情緒擺弄；多用感恩去解讀發生過的事件，事件就不會被痛苦醃漬。畢竟，同樣一件事，依然有不同的面向可以去解讀，就像是事物雖然有裂縫，但正因爲有裂縫才能讓光穿透，那裂縫就不是殘缺，而是光的通路。

雖然我們沒有辦法搭乘時光機回到過去，雖然我們都不能改變已經發生過的事情，但我們眞的可以換一種眼光和心態去解讀那些事件。這不僅是一種自救與自癒，同時也擴展了我們生命的韌性與彈性，而且這些帶著覺察與感恩的回溯，讓原本滯礙的能量，重新再流動起來。

從愛出發，重新解讀過往經歷

我知道回憶痛苦的經歷像是一種自虐，而且有時候身心都無法承受，所以我們不能只是單純的把回憶喚醒而不作爲，讓回憶胡亂的攪亂現在的生活，而是要在這些回憶中，去找尋正向的價值來收尾。

所有的事情都有不同的面向可以解讀，特別是幼時的經歷，因爲當時我們的智慧和生活經驗都還不足，很容易處於受傷的劣勢，但這種劣勢並不是因爲我們比較差或是不值得別人愛，而只是發生這些事情時剛好我們也在場。我們受到了強烈的情緒衝擊，因而造成了自我懷疑和不信任。

就像小時候爸爸追趕媽媽的事件，發生爭執的是父母，但機靈的姊姊帶著我們想要攔阻父母的衝突更嚴重，現在回想起來，姊姊的做法成功了！我們四個孩子一起完成讓父母衝突停止的任務，從這樣的角度看不是很棒嗎？這樣不是讓我們可以從痛苦回憶的地獄中超升，升到充滿感恩與愛的天堂嗎？

當時我們的任務成功了！我們成功了！這是我對那段回憶最有力量的重新解讀，而這份力量是來自愛的眼光。

只要有人的地方就是江湖，江湖總是會有掀起波浪的時候，有時我們可以幸運的挺過大風大浪，但如果不幸被打落下水時，要怎麼辦呢？先不要驚慌，順著潮流，看你會被帶到哪裡？或是等波浪平靜了，看看湖底有什麼？**只要活著，生命都會找到新的出路，都會在挫折中，有新的獲得。**

不知道你有沒有充滿痛苦與恐懼的回憶？你可以用現在更成熟與更懂得愛的自己，去重新解讀那些經歷，希望你也可以在正向中，有不同的收穫與啟發。

「從痛苦的回憶中，找尋正向的價值來收尾」

也許過去我們經歷了許多覺得痛苦或恐懼的事，但不要一直陷在回憶裡，不斷回想只是一種自虐，我們可以放下它，或是用現在更成熟的心態重新看待，聚焦在好的面向，獲得不同的啟發。

讓流出的眼淚，變成清洗靈魂的聖水，而不是把自己溺斃的浪潮，這樣我們曾經所受過的苦，就會變成心智成熟的養分，而挫折也能成爲生命的禮物。

保護媽媽，一如媽媽曾經的呵護

第一次聽到孩子要保護媽媽，是在念研究所的時候。

有一個研究所的同學跟我大哥同年，我卻跟她最小的弟弟一樣大。有一次在聊天的時候，她說：「以前我父親跟我們說，你們長大了也要學會保護媽媽，那時我一直不懂我們爲什麼要保護媽媽？直到我最小的弟弟上成功嶺受訓，我跟我媽搭火車去看他，我才懂了！」我很好奇爲什麼會這樣，是發生什麼事了嗎？

她說：「因爲我們第一次坐火車去，路不太熟悉，到站走出車站後覺得怪怪的，我跟我媽說我去問路，要她在那邊等我。結果妳知道我回來看到什麼嗎？」

聽她的敘述讓我的好奇心噴發：「妳看到什麼？」
她說：「我看到我媽在哭！」
我問：「妳媽爲什麼要哭呢？」
她說：「對啊！好端端的她爲什麼要哭呢？原來她是傷心要去看兒子，但兒子還沒有看到，現在連女兒也不見了！所以悲從中來哭了起來！」
我說：「哇！妳媽媽情感好豐富啊！」
她說：「就是在那一瞬間！我突然懂了，我要開始保護媽媽！」
那是沒有網路也沒有智慧型手機的年代，找路不是靠谷歌，而是要會開口去問人。時代變化的很快，而時代的變化也都是人所創造，但人的長大，到底是一瞬間的事？還是漸進式的呢？
我也曾經有那種一瞬間覺得自己長大了，要好好保護媽媽的時刻，那是在我已經成爲兩個孩子的母親之後。

挺身保護不安的媽媽

有一次先生開車送我和孩子們回娘家小住。白天我們剛進門，孩子們很高興的跑進房間想找表姊玩，我在收拾行李，突然聽到電鈴響了！媽媽接著說：「可能又是樓下的，他們不知道什麼時候搬來的，隔沒幾天就來按電鈴，說我們吵到他們！」

我打開門看到一個愁眉不展的中年婦女，她說：「可不可以請你們小聲一點，我先生上晚班剛回來現在要睡覺！」我說：「不好意思，我們剛到，因爲小孩子太興奮，我會請他們小聲一點的！」

跟孩子們說樓下有叔叔上夜班，白天要睡覺，要孩子們動作和說話聲音都小一點，雖然他們是兩個活潑的小男孩，但很有禮貌也有良好的家教，所以都配合放低了音量，我們也平順的度過一天團聚的時光。

只是沒想到，隔天早上媽媽家的電鈴又響起，昨天那個婦人又來了，還帶來了幾位社區保全人員。

媽媽看見一票人在門外，興師問罪的陣容讓她很委屈，覺得自己安靜的過生活，怎麼會突然吵到樓下的人呢？在那一瞬間，我突然想到研究所同學要保護媽媽的事。我跟媽媽說：「不要擔心，我來處理！我們先請他們進來坐，看看他們要說什麼？」

我們把家庭成員說明清楚，平常只有兩個人住，白天姪女去上學，只剩下媽媽一個人在家看電視、勾毛線、做家事等，單純的人員環境和媽媽安靜的個性，讓保全人員不自覺的說：「其實有些透天房子也是會聽到鄰居的聲音！更何況是在大廈裡面。」我說：「我們家就是住在透天的房子，有時候也會聽到隔壁鄰居的聲音！」

大家把話說開後要送客了，送到門口，我說：「我們今天下午就回去了，我媽媽一個人平常很安靜的！」沒想到一個中年男子從樓梯間衝上來說：「什麼安靜！明明就很吵！」還作勢要揮拳打人，那位婦女急忙衝上前攔住他。

我看著那位婦女慌張又緊張的神情，突然明白了她的苦楚，我說：「我知道妳的苦衷了！」那一瞬間，那位婦女的臉色從原本充滿挑釁的備戰面容，變成委屈的哀傷表情，然後就把她先生勸下樓去。

從被照顧的角色，轉變爲成熟的大人

其實我好擔心，如果他們再來找媽媽的麻煩要怎麼辦呢？我一邊鞠躬一邊拜託保全人員說：「我們下午就回去了，你們剛才也看到狀況了，我媽媽平時白天一個人在家，就是安安靜靜的在打毛線或看電視，拜託你們幫我注意一下樓下的狀況！不要讓我媽媽受到傷害，拜託你們了！」他們說：「是那位先生太敏感了，我們一定會幫妳注意的。」

說也奇妙，自從那一次事件後，媽媽說樓下沒有再來找過麻煩，不知道是不是搬走了，因爲也沒有再遇過他們。

保護媽媽，一如媽媽曾經的呵護。我曾經在《剛剛好的距離》這本書上寫過，一個家庭中，親子可以在父母、子女、成人的三種角色中輪替與互補，就會形成滋養型家庭，讓彼此都成爲更好的大人。

我們無法要求父母完美，也不可能要求孩子完美，因爲我們自己也不是一個完美的人。**但在這些不完美的人生中，我們努力的學習與增進自己的能力，去達成每一件該做的事；或在突發狀況下，不求完美但求能竭盡所能，了無遺憾。**

孩子當然有能力給予媽媽保護或照顧，因爲這是他從媽媽以前的照顧中學來的，只是當我們更願意檢視父母的需求和想法時，那表示我們不再是等著被大人照顧的孩子，而是長成成熟與懂事的大人了！

「成熟的我們回頭照顧父母，是因為愛與感恩」

養生送死雖然只有短短四個字，卻蘊含了長輩養大晚輩，晚輩成熟奉養年邁長輩的兩代情。

從小我們就受到父母和家人的照顧，一向都處於接受的位置，但其實父母和家人也有他們的需求，也有需要被保護的時候。當我們發現自己有能力照顧與保護他們時，這也代表我們已經轉變爲成熟的大人了，我們可以彼此照應、滋養，都成爲更好的大人。

穩定情緒，與內心對話

因爲男友的媽媽曾經去算命，說我和男友的命不合，但和男友交往八年多還是在一起，於是男友的媽媽又去找算命師詢問，要如何化解我們不合的命運？然後幫我們算好了隔年先訂婚，再隔年結婚的日期。

幸福前的變奏曲

娘家父母決定訂婚同時宴客，於是我們很開心的跑到台北參加婚紗展，同時也選好了拍攝婚紗照的公司。

拍攝婚紗的前一晚，我借住在妹妹在台北的住處。妹妹還沒下班回來，屋裡的室內電話突然響起，我接起來，是姊姊打來要找妹妹，她要妹妹回來時再回電。當妹妹回電後，我很好奇姊姊找妹妹什麼事？妹妹看著我說：「二姊，明天一定要拍好美美的婚紗照唷！早一點休息了，這樣氣色才會漂亮！」

隔天一大早，我們就到婚紗公司選禮服、梳妝、打扮。美容師突然問我：「妳的眼睛常常會紅紅的嗎？」我說：「不會啊！我的眼睛從來就不會紅紅的！」我這才從鏡中看見我的白眼球上有紅紅的一片，她拿人工淚液讓我點，但眼睛仍是紅紅的。

先到兩個外景拍婚紗照後，又回到棚內拍室內照，等全部都忙完已經晚上七、八點了！拖著一身的疲累回到妹妹的住處，妹妹看到我，跟我說：「二姊，二哥走了！」我疑惑的問：「二哥去哪裡了？」她說：「二哥回老家了！」

二哥回老家了？怎麼會這樣呢？一直都好好的二哥怎麼會突然往生了呢？我們姊妹抱著大哭，兩人胡言亂語的說著怎麼會這樣呢？到底發生什麼事了！

雖然我有一陣子沒有見到二哥，但我之前還要二哥想一想要幫他準備幾盒喜餅請朋友吃。到底發生什麼事？我要趕快回家！

原來昨天姊姊打電話來就是告訴妹妹這件事，但是媽媽交代姊姊先不要跟我說，免得影響我拍婚紗的心情，我紅紅的眼睛是心電感應嗎？妹妹昨天是怎麼熬過那一個痛苦的夜晚啊？

我跟妹妹說我們趕快回家吧！妹妹比我還冷靜的說：「二姊，我們現在不行趕回家，因爲二哥已經走了！但妳明天跟親家有約在先，你們午餐結束後再說家裡有事要回家，我們再一起回家吧！」

距離二哥意外往生已經相隔二十幾年，但想起剛聽到時的震撼與痛苦，我的眼淚還是會不停的往下掉。有多少創傷，是生命中難以修復的傷口呢？

情緒成熟，身心也會平衡寧靜

什麼是大人呢？就是「泰山崩於前而色不變」，即便家裡遭逢巨大變故，還是要把答應別人的事先做好。在那一刻，我覺得比我早出社會工作的妹妹，確實比我成熟冷靜，更懂得處變不驚，後來才知道這是情緒調節能力。

一個人是不是長大成熟，看的不是年紀，而是他的情緒是否成熟。琳賽．吉普森（Lindsay C. Gibson）在《如果父母情緒不成熟》（*Recovering from Emotionally Immature Parents*）書中，將情緒不成熟父母如何阻斷親子間連結的表現分成五類：

1. 對孩子的一切不感興趣
2. 忙到忽略孩子而不自知
3. 嫉妒孩子的成就

4. 極端偏執，暴躁易怒

5. 前後不一，自我矛盾

從這五項分類中，我們可以看出，當一個人的情緒不成熟時，他是不了解自己也無法輕鬆駕馭自己的內心世界。

情緒健康的人，他的內在會以一種自覺而調和的方式運作，就像是身心安康的靈魂，可以靈敏的感受到身體的變化與反應，該喜該悲、該吃該睡，**身體被善待，心靈也在起伏中回歸寧靜。**

情緒不成熟的人，內在的部分就各自獨立，相互矛盾，甚至互相攻擊與排擠感受，該高興時又覺得煩亂、該休息時卻硬撐著熬夜，因爲身心都沒有被妥善對待，人怎麼會健康呢？

當一個人的身心總是欠缺整合，沒有被好好對待，內在自我防禦的部分就可能毫無預兆的跳出來接管一切，因爲啟動防禦，就總是將外界一切視爲敵人、全都看不順眼。對立與矛盾的內在衝突，會讓一個人常常呈現前後不一的外顯行爲。

情緒不成熟的父母，在心情好的時候，孩子要做什麼都可以，什麼規矩都可以改變，但是心情不好的時候，原本可以做的事也會反對，總是讓孩子無所適從的要猜父母的心情，親子關係怎麼健康與融洽呢？

安定自己的內在，才能獲得眞正的幸福

德蕾莎修女（Mater Teresia）曾經說過：「愛，就是在別人的需要上，看到自己的責任！」

當我成爲母親，我看見孩子的需要，也承擔對孩子教養的責任，在不斷的學習與微調中優化自己教養的能力，過程雖然辛苦，雖然疲倦，卻也慢慢收獲著越過越悠然自在的親密生活，以及更好的自己、更融洽與和諧的家庭關係。

要當一個情緒成熟的大人雖然不容易，但這卻是讓家庭功能更完善的最佳途徑。

我們只要先學習覺察自己的情緒，然後接受那些突然出現的喜怒哀樂，在情緒正盛的當下先暫停行爲反應，免得造成無法收拾的後果。當你習慣跟自己起伏的情緒相處之後，就要開始練習跟自己的內心對話，先了解自己，你才有可能眞正在觀察中，學習了解配偶與孩子，進而付出他們需要的幫助和愛。

每一個人都要練習去掌控自己的小宇宙，我們常常在心中上演小劇場，把自己搞得又煩又累，不是隨時覺得委屈難受，就是到處亂發脾氣，像是越整理越紊亂的毛線團。

其實，**你要的幸福別人無法給予太多的幫助，要先從你懂得如何去安定自己內在開始。**

你在紛亂的毛線團中抽出了「情緒」那一條線索，就要牢牢的抓住它，讓它在你的梳理與照顧中漸漸容易安撫與安定，不要總是讓不受控制的情緒跳出來把問題弄得更複雜。還要學習管住自己的嘴巴，不要急於評斷與防禦，當你不急著說時，才可以聽到對方的聲音和話語，才有可能進行眞正的對話與溝通。

在訂婚前遇上二哥的意外身故，讓我更感受到生命的無常，也更懂得珍惜家人可以相處的時間。

「不要急著反應外界的刺激，先安定內在」

我們都會因爲突發的事件而產生情緒，有時還會被情緒牽引，甚至做出無法挽回的行爲。當我們情緒正盛的當下，可以先暫停動作，試著覺察自己的內在、練習跟自己的內心對話，獲得身心的平衡，進而帶給身邊的人愛與幫助。

在刺激與反應之間，先拉出一點冷靜的時間，把自己整理好了再對外界的刺激做出回應，才不會傷害自己或他人。

第六章

傳遞純粹的善與愛

本以爲父母不在了就會失去他們的愛，
但其實父母已經教會我接受愛與付出愛。
我有能力好好愛自己、愛家人，
讓自己的付出使社會變得更好，
就是在傳遞與延續父母給我的愛。

幸福的真諦

有一天跟朋友聚會，朋友說：「妳今天的氣色看起來特別漂亮！」我笑著說：「可能是因爲我穿著粉紅色的洋裝，而且這是結婚時買的，覺得穿上去還可以感受得到新婚時的喜悅吧！」朋友笑著說：「眞的耶！但妳也太厲害了！結婚都十幾年了還可以穿上結婚時的洋裝！」雖然結婚生產總是會讓女人幸福肥上幾公斤，但保持運動也可以保持合宜的身材。

現代的婚配對象大多是透過自由戀愛的選擇，而過往父母的配偶大多是藉由媒妁之言。我們是不是常常會覺得以前經由媒妁之言結婚的父母不會有愛，他們不相愛？不懂愛情呢？我也一直以爲我的父母不會有愛，他們只是曾經一起生活的伴侶吧？

父母對彼此的愛是付出與成全

有一次父親住在加護病房的時候，輪到我跟母親進去探望，那時母親用她的手摸摸父親的臉，摸摸他的眉毛說：「你自己要加油！要加油！」那是我有記憶以來，第一次看見父母肌膚之親。我看著父親張開眼睛，眼睛裡閃爍著晶瑩的淚光，光影閃耀著希望，望著，好像是要我們不要擔心！他會撐過去的！

沒想到，過了幾天，父親走了！那一次相見，成爲我見父親的最後一面。那時我是一個還在安胎的孕婦。

曾經，我以爲父母不相愛，但在加護病房裡看著父母的互動，卻讓我感受到愛在流轉。

小時候，媽媽常常會拿她結婚時穿過的旗袍出來試穿，看自己是不是還可以穿得下，現在回想起來，才發現媽媽在剛結婚的那幾年應該是快樂幸福的，不然爲什麼常常會回味舊時光呢？甚至在我們長成青少女的時候，媽媽還會問我們要不要試穿她的結婚旗袍？只可惜那時候我不懂得媽媽的心聲，覺得旗袍太老舊，加上我長得高，用看的就覺得穿不進去，連試都沒試。

爸爸跟媽媽，到底有沒有相愛過呢？我開始在回憶中找尋蛛絲馬跡。十六歲就嫁給爸爸的媽媽，她會做的菜色，很多都是爸爸教的，而爸爸除了在軍中與請教鄰居年長的阿姨學習到一些烹飪技巧，還有就是因爲懷念奶奶的廚藝，憑印象讓媽媽試著做出來。這些教導與傳承，是愛吧？

小時候端午節媽媽會包鹹的粽子，不知道從哪一年開始，媽媽也會包甜的紅豆粽，媽媽說：「因爲妳爸爸想吃紅豆粽。」有一年我心血來潮陪媽媽包粽子，看著媽媽把白米包起來而沒有加餡料，我正好奇想問媽媽，她笑笑的說：「妳爸這幾年都說想吃沒有餡的白粽，所以我會特別包幾個白粽給妳爸吃！」那時爸媽已經分居好幾年了，但其實常常關心著彼此而互通有無，逢年過節也會想起對方的需求，這是愛吧？

我們以爲花前月下的盟誓是愛，父母卻是把愛變成心上的牽掛與行動上的付出；我們以爲朝夕相處的陪伴是愛，父母卻願意給對方更多的空間與自由來成全彼此。原來，愛情在每一個世代都有不同的樣貌與詮釋，我們以爲父母不懂愛情，其實是我們自己把愛情看得太狹隘了！

幸福，是發自內心深處的覺察

記得，爸爸以前是不喜歡進廟參拜的，但他卻在新建成的國宅家裡設起神明廳。聽媽媽說，原來爸爸在國宅將建好時有請媽媽以後搬回去住，但媽媽不想搬回去跟爸爸一起住。

爸爸先把神明廳準備好，讓喜歡燒香念佛的媽媽，日後隨時可以在家祭拜，這也是愛吧？記得對方的喜好，把對方放在心上，當有機會滿足對方的需求時，就讓對方開心，這些細節，原來都是愛的痕跡。

我以前總覺得媽媽的人生很不幸，童年喪母、喪弟、失學，青少女時期就結婚生子，中年被家暴常常離家出走，五十幾歲就遭遇喪父、喪妹、喪子、喪夫等人生橫逆，但她卻跟我說她這一生也沒有吃過多少苦，生養我們六個孩子她覺得很幸福。媽媽會這樣說，是因爲她有感受幸福與感恩際遇的慈悲心吧？

幸福的眞諦到底是什麼呢？幸福，不是從天而降的禮物，更不是不勞而獲的獎品。**幸福，是一種能力，可以感受付出時的喜悅，可以在接受時心懷感恩，在施與受之間，涵養著感知幸福的能力。**

不管是接受還是付出，都要靠有溫度的心去感受其中的溫暖與溫柔，有了這樣的能力，才會品味到幸福。

要幸福不難，先打開塵封的心，去感受清風飄過髮際時，帶給心的觸動，去觀察流雲萬千，隨風飄散又聚合時，隨遇而安的啟發。萬事萬物皆有序，當大自然可以喚醒感受，沉睡的靈魂就會甦醒。世間萬物都帶著情，以情融入身心靈，幸福，自然就慢慢的靠近。

幸福，不假外求，要從自己的心靈深處去覺察。我相信我的父母都有這樣感知幸福的能力，才會在艱困的物質環境中養大我們六個孩子，孩子也都經營著自己的幸福人生。

幸福，不是別人給的，是自己願意付出，同時也感恩接受。那是自己蘊藏的能力，你，找出來了嗎？

「幸福，是在付出和接受中，讓愛循環」

很多人都渴望幸福，卻不知道其實幸福是一種本身就有的能力，只是需要透過覺察、打開心胸去感受。當我們能對人真心誠意的付出，接受幫助時心懷感恩，我們就能孕育感知幸福的能力。

汽車、飛機與玫瑰，看起來不相干，但它們的存在，其實都改變了我們呼吸的空氣。每個人看似獨立，但其實也相連緊密，我們的幸福也不只是個人的事，當你好、我好、大家都好時，才能共創共好的幸福。

道愛、道歉、道謝、道別

自從媽媽住進護理之家，她睡眠的時間越來越長，認得我們的時間越來越短後，我知道媽媽不只是變成時空中的旅人，她逐漸消逝的生命，終有一天也會永遠的離開我們，只是沒想到，這一天來得這麼快又這麼突然。

二〇二〇年初疫情開始嚴峻，媽媽住的護理之家也禁止探視，過沒多久媽媽突然發生下體出血，哥哥帶媽媽到醫院就診，醫生懷疑是子宮內膜癌，但因爲媽媽的身體太瘦弱，實在禁不起手術，我們也只能持續觀察。

不知道什麼原因，媽媽的小腿下緣到腳踝的地方出現傷口，護理之家詢問我們是否要帶到外面就醫？因爲上次媽媽外出就醫後被醫院隔離兩週，只有媽媽一個人在一間病房內，我們也不知道媽媽是否有受到妥善的照顧，因此大家都覺得先觀察，不要外出就醫。在疫情嚴峻、媽媽身體又很虛弱的情況下，以不變應萬變是我們的最高原則。

那段時間持續關注媽媽腿部傷口的變化，疫情也有趨緩的跡象，護理之家在五月開放有條件的預約登記探視，姊姊先去探視了媽媽，再隔幾天也輪到我可以去探視媽媽。

跟護理之家用社群聯繫的夜裡，我看見護理之家傳來媽媽傷口看似好轉的相片，覺得很欣慰，沒想到隔天早上先生剛送孩子們去上學，弟弟就打電話來說媽媽沒有呼吸和心跳了，因爲我們不要急救，所以醫師就宣布媽媽已經往生了！

昨天相片看起來還好好的，怎麼睡了一覺起來就說人往生了呢？一時之間我的腦袋一片空白。

一口氣息，隔絕了與至親的緣分

姊姊連絡我帶些媽媽可以換的衣物過去。當我看見媽媽的臉白裡透紅中還有淺淺的微笑時，我情不自禁的說：「媽媽妳今天看起來好漂亮啊！謝謝妳生我、養我、愛我，對不起這陣子因爲疫情，都不能探視妳，我很愛妳！妳好好的跟佛祖去修行！」我自然而然的說出了道謝、道歉、道愛、道別，心中並不覺得媽媽離開了我。

我們在姊姊的指揮帶領下，幫媽媽擦拭身體、換衣服，當我摸到媽媽溫溫軟軟的臉龐時，就覺得媽媽跟以前一樣，好像只是很安詳的睡著了！但當我幫媽媽穿襪子時，媽媽腳底傳遞著我未曾觸摸過的冰冷，那冰冷觸動了我埋藏在心裡的悲傷。

堅強，有時候只是一具僞裝的鎧甲，當眞相迎面而來，鎧甲就不攻自破。

媽媽的皮相已經變成一具冰冷的大體，到底是什麼劃分著生與死呢？是溫度、氣息、肉體的存活，還是精神對社會產生的貢獻呢？爲什麼有些人死得越久卻變得越偉大呢？

有形肉體的生死，就在那一口氣息吧？不會再呼吸了，也會漸漸的失去溫度。是那一口氣息，讓我跟母親陰陽相隔嗎？那一瞬間，我好像失去了做女兒的身分，而變成了無父無母的孤兒。

悲慟，是因爲我失去了生命的來時路。

記憶，是繫了蝴蝶結的串鈴，風搖花舞，叮叮咚咚的把思念喚醒。在花園裡整理花草時，想起跟母親一起整理花園的情形；在廚房裡洗菜洗米時，想起跟母親一起做飯的情景；想到浴室洗去自己滿臉的淚痕時，又想起幫媽媽在浴室裡沐浴的一切……。

悲傷，像是伏兵，總是會突然向我發動攻擊。

即使父母不在了，仍能感受他們的愛

曾經，嚴峻的疫情讓我來不及見媽媽生前最後一面，這成爲我一輩子也無法圓滿的痛，讓我天天垂淚與懊悔。但夜夜枕著淚入眠，並不是媽媽在天上想看見的我吧？

母親過世後，我才明白自己這一生最大的恐懼，就是怕自己會變成無父無母的孤兒。因爲小時候有一次夜裡我要去洗手間，結果被父親叫住，我看見父親的小腿噴著鮮血，從那一刻起，我總擔心年長我四十九歲的父親會突然死掉，而在海邊看見母親差點被海浪吞噬，更是讓我常常被悲傷席捲。

雖然爸爸過世了，媽媽也往生了，我好像變成無父無母的孤兒了，但我眞的是孤兒嗎？

後來我開始學習氣功與正念，我常常檢視自己的念頭，才發現自己的執念在於想要擁有與看見，我以爲我看得到、能擁抱父母才是有爸媽的孩子，但眞的是這樣嗎？如果我感受得到父母的愛，又何必執著在一定要看得到父母呢？

我與父母的距離不是生與死，而是愛與不愛。我從小就接受與感受著父母的愛，卻以爲父母不在了就會失去這份愛，但其實父母已經教會我接受愛與付出愛。我有能力好好愛自己、愛家人，讓自己的付出使社會變得更好，就是在傳遞與延續父母給我的愛。

學習氣功也讓我發現，當我的執念越深，身體越容易緊張、焦慮，但當我慢慢的鬆綁自己的念頭，身體跟心情都會放輕鬆，氣息也就暢通自在。

當我好好的感受與察覺自己的生命來自父母，父母的血液一直在我的身上奔流，我好想念好想念父母的時候，我開始學著，擁抱自己。

抱抱自己，感謝父母的養育之恩；抱抱自己，也給自己勇氣和愛。

在有限的時間裡，讓生命圓滿

讓生命的告別，變成對彼此的祝福與感謝。**這一生不一定可以無憾，但我們努力讓生命圓滿。**生命是一條無法回頭的單行道，愛要及時，不要空留遺恨，在可以相愛的時間裡，要選擇盡量避免傷害，因爲我們都以爲還有很多時間可以好好的愛對方，所以常常跟親愛的人發脾氣、生悶氣，甚至冷戰，但誰都不知道明天和無常哪一個先到！

每一個人都是獨一無二的，對同樣的一件事常常有不同的感受與觀點，有時我們以爲的關心或好意，對對方來說卻可能是壓力與阻礙，要如何拉近這種落差呢？這就需要對談與傾聽，核對彼此的想法和需求。

時光不可逆，家人之間眞正可以相處的時間有限，我們應該盡量的愛與陪伴，尊重每一個人的不同，而不是以愛之名想改變別人來符合自己的想法和觀點，這樣做其實是在傷害關係。

關心與擔心不夠，可能讓關係冷漠，但過多的擔心與關心，常常造成彼此的壓力與衝突，這不論是用在照顧長輩或教養孩子上，都是相通的道理。

放下，有時候是放下想要對方符合你期待的反應。要把力氣放在對的地方很重要，當父母要給孩子愛與監督，都要考量孩子的年紀、能力和獨特性，不需要過度的擔心與焦慮，這樣只會耗損能量。

家人是一種緣分，因爲不知道生命何時會到盡頭，所以要珍惜可以陪伴與相愛的時間，寧願在生前多一些溝通、包容、同理和了解，而不要讓怨恨、後悔和痛苦變成餘生的滋味。

「愛的練習題，放下執念，才能擁抱豐美」

執念，常常是我們爲自己設下的牢籠，要多練習從第三者的角度看自己的人生，我們才不會困在自己的角色裡哀怨。

跟家人、朋友相處時好好說話與互動，這是愛在滋養彼此的生命，如果產生衝突和傷害也要眞誠道歉，更要謝謝家人朋友的愛給了我們生命的力量與勇氣，在道別來臨前才可以盡量減少遺憾，在日常實踐愛，讓生命圓滿。

愛自己，從自我關懷與悅納開始

以前在職場上工作，曾經有主管問我：「從來都沒有聽過妳抱怨，妳怎麼不會抱怨呢？」

從父母身上學會感恩與惜福

原來我沒有學會抱怨，是因爲我有一對不會抱怨的父親和母親。父母分居後我跟爸爸一起住，爸爸沒有跟我抱怨過媽媽，念研究所時眷村要改建，父親擔心我從宿舍回來會沒有地方住，要我先搬去跟媽媽住，在跟媽媽一起生活的時候，媽媽也幾乎沒有抱怨過父親。

很感謝父母從來沒有在我面前抱怨過生活，很感謝父母總是跟我說他們心中的感謝與懷念，很感謝父母總是珍惜身邊的一花一草和每一口食物。惜福和感恩的習慣，不是父母特意教我的，而是他們在日常生活中自然流露，這些習慣讓父親看起來穩健可靠，讓母親不需要化妝，卻看起來比有化妝的鄰居阿姨們更年輕、漂亮。原來是內在感恩和惜福的力量，讓我的父母自然散發著美麗又和善的光芒。

人生不會都是順遂的，往往一波又一波的考驗像是浪潮般打來，我們除了堅強以對，還能靠什麼來安撫與穩定自己的內在呢？是惜福與感恩散發出來的愛的力量，讓我們有堅定又柔韌的胸懷，用微笑面對橫逆，一步又一步的在生命裡前進。

這些年很流行要對自己好與愛自己這個議題，但什麼才是眞正的對自己好呢？好好的吃上一餐飯？跟生命中重要的人和善對話？看自己喜歡的劇？買自己喜歡的包包或衣服？到企盼很久的地方去旅行？這些，都是對自己好的方式吧？

但很多很多的對自己好，是不是都一直在鼓勵我們向外追求呢？我們有沒有靜下來審視一下自己想要的到底是什麼？現在擁有的又是什麼？我們能在已經擁有的資源中，找到自己的幸福方程式嗎？

如果，我們要的幸福是在物質世界中爭逐，那會像是一個無底洞般永遠沒有填滿的一日吧？

清風、流雲、春天樹上的新綠、花上陽光閃爍的晨露，如果不是因爲你停下腳步欣賞與讚嘆，那麼這一切對你來說就不具意義了！法國藝術家羅丹（Auguste Rodin）說：「這世界從不缺少美，而是缺少發現美的眼睛」。

我們能長大成人，絕對少不了愛的滋養與灌溉，感謝父母，不管他們給了我們怎樣的原生家庭，那一切都已經成爲過去，現在我們如果對原生家庭有遺憾或怨恨，也許可以自我修正與調適，可以給孩子更好的原生家庭環境，也努力去修補自己跟原生家庭的缺憾。

每個人都能兼具陽剛與陰柔

在媽媽成長的年代，女人比較不會知道什麼是愛自己吧？身為女性，在過往傳統中是相對弱勢的性別。雖然現代女性普遍受到良好的教育，可以發揮女力，對社會產生良善的影響力，但女人卻還是有著被犧牲的受害者情結嗎？特別是當女人選擇婚姻、選擇生子後，女人會多出很多的角色。

以前，我一直是一個愛自己同時也喜歡虐待自己，非常矛盾的一個綜合體。天生陰柔的氣質，加上討人喜歡的皮相，從小讓我在被家人朋友的保護與照顧中長大。

「女子本柔弱，爲母則強」這句話是我的寫照，成爲母親後，因爲生養了兩個男孩，我的陽剛面也慢慢被培養出來，同時也藉由對過往生命的梳理開始療癒童年的陰暗經歷。

曾經，我們以爲男人是天是陽剛，女人是地是陰柔。當男女兩性結合成婚姻關係後，生命才得以陰陽調和而完整。但錯了！一個人，要可以陰柔，也可以陽剛，才會眞的走向自我完整，當一個人可以陰陽平衡，才不會傾斜造成偏頗與不周全。

這幾年，愛自己這個議題很紅，但你眞的會愛自己嗎？還是你在拚命的滿足別人時，已經沒有心力關照自己？甚至把自己的需求都隱形了呢？或是你以爲的愛，要在別人的身上找呢？

曾經，我問過很多男性，如果來生可以選擇性別，他們會想當女性嗎？結果，百分百都要當男生，最大的原因是，當男生比較自由。

以前，我也覺得男人的身心都比女人自由，像我自己就會受到生理期的限制而在那一段時間覺得不舒服也不方便，但實際上，男人也有很多身不由己的時候，只是我們無法完全體會。

男性在社會的框架和限制下，不太能表現陰柔的氣質和情緒，而女人的憤怒情緒，更是從小就被壓抑。女性的憤怒很少向外發洩，我們往往把憤怒變成自我批判，甚至自我虐待，不是嗎？

爲什麼溫柔又貼心的女性，卻常常攻擊自己呢？因爲我們都在關懷別人，卻忘了進行自我關懷。

在社會的框架、責任、角色等重重的壓力與限制下，原來，我們每一個人都有不同的扭曲與變形，每一個人都不完整。學習自我關懷與自我悅納，就是要讓我們可以走向完整。

自我悅納才能讓自己走向完整

因爲過往重男輕女的傳統氛圍，很多女性討厭自己身爲女性。不能接受自己，要如何好好愛自己呢？**愛自己要先從自我悅納開始，只有接納才能讓愛滋養生命。**即便是看似站在社會上優勢主導位置的男性，是不是也有人不能自我悅納呢？

年輕時，我曾經寫著：「在單飛的航徑，我，有自己爲侶。」因爲在看見父母不佳的婚姻關係後，我漸漸發現，女性要的安全感，不應該從男性或其他人事物而來，而應該來自自己。眞正的安全感，其實是來自於自己跟自己同在，我們雖然想在情愛關係中找到另一個人來共組家庭，但我們跟自己同在時，也是一種生命的完整。

雖然我在婚姻關係中很幸福快樂，但我對自己的了解與自我關懷，也可以讓自己感受到平靜而深邃的幸福。

愛自己，不是用更多的物質與金錢來滿足自己，而是學會與自己的內在同在，可以自我悅納與自我關懷。

可以溫柔也可以勇敢，可以包容也懂得表達憤怒，能屈能伸，這種懂得防禦與攻擊、兼具陰柔與陽剛的人，是享有眞正自由且身心都健康的人。

女人的能力被性別禁錮與忽視了千百年，現在提倡發揚女力，其實不是要跟男性作對，而是要讓女性相信，女性不是世界的裝飾，而是可以讓世界更好的存在。男人，也不需要被推擠在只能展現陽剛的極端光譜中。

當人類都可以用尊重、欣賞、一起學習與優化自己的健康態度，去看待性別不同的差異和特質時，這個社會不是更好、更健康嗎？當每一個人都藉由學習自我關懷，而可以陰陽調和平衡的呈現自己，這樣不才是眞正完整的人嗎？

「愛自己要先從自我悅納開始，只有接納才能讓愛滋養生命」

很多人愛自己的方式是用物質滿足自己，但久了就會發現一直在物質世界中爭逐，就像是一個無底洞般永遠無法被塡滿，不如坦然接納、了解自己，學會與自己的內在同在，追求身心平衡，才能眞正得到滿足。

知足常樂，並不會阻礙文明的進步，因爲我們的付出或關懷，很多都是在讓別人感受到溫暖和愛，只是在不停付出的過程中，我們也要記得接納、肯定與賞識自己。

阿嬤的愛與祝福

有一種愛，是媽媽平常省吃儉用的存錢，錢存到一定的數目後，把錢拿給孩子。媽媽曾經要給我一筆錢，我沒有收，後來我帶媽媽去開戶，把錢存起來，但最後媽媽還是用她的方式把那筆錢留給了孫子們。

一次，我們在聊天時妹妹跟我說：「二姊，媽媽存錢把錢給她喜歡的孩子，妳應該要收下來的！」

我說：「我們都知道媽媽很省，那時我已經過得不錯了！不忍心拿媽媽省吃儉用的錢，才會想帶媽媽去開戶，把錢存在她自己的戶頭裡。後來媽媽想到用那個方式運用那一筆錢，我覺得也很好啊！」

妹妹說：「也是，這樣每一個子孫都會記得她的好！」

省下日常花費，只爲了存錢給孩子

父親過世後，媽媽領著爸爸月退俸一半的金額，加上子女們逢年過節和媽媽生日時包的紅包過生活。

我們搬到新家後，因爲空間大、房間夠，還有一個小花園，媽媽常常趁著寒暑假帶著姪女來家裡小住幾天。後來姪女長大離家工作，媽媽也會自己來玩。

有一次她來我們家住，過了幾天，她突然拿著一袋東西說：「這是二十萬給妳！」

我嚇了一跳問：「媽媽，妳爲什麼要給我二十萬？」

她說：「我存了很久，反正也用不到，就給妳，妳可以拿去用或是存起來啊！」

我說：「媽媽，我現在不缺錢，妳自己留著用就好！」

她說：「不然我暫時存在妳這裡！」

我知道媽媽這麼說還是要把錢給我，爲了打消媽媽要把錢給我的念頭，我靈機一動的說：「媽媽妳把錢存在我這裡，我會產生多的利息錢，這些利息錢我還要報稅耶！這樣好了，我帶妳去開戶，把錢存在妳自己的戶頭裡，妳的利息錢沒有超出免稅額不用繳稅，這樣好不好？」

她說：「存在妳這裡的錢，利息還要繳稅啊？」

我說：「對啊！這樣不是很可惜嗎？」

她說：「那我跟妳去開戶好了！」

媽媽是捨不得浪費錢的人，聽到多的利息要繳稅，她就願意跟我去開自己的戶頭。到了銀行她還跟理專說：「我女兒說把錢給她存，她多出的利息還要繳稅，所以帶我來開戶。」我趕快跟理專使個眼色說：「對對對，利息太多要繳所得稅！」理專也馬上接話說：「伯母，妳女兒帶妳來開戶是對的，錢存在妳自己的帳戶裡最好！」

開完帳戶、存好錢，我們開開心心的上街買菜。回到家媽媽馬上說：「我把印章和帳戶放在妳這裡！」

遺留下的除了金錢，更多的是無形的愛

過了兩天媽媽突然說：「妳不要那二十萬，我想了幾天，這樣好了，我一共有十個內外孫，那這二十萬就當我給他們的結婚紅包，在我百年以後妳幫我一個包兩萬給他們好不好？」

那時媽媽還不到七十歲，身體也還算好，突然說到百年之後的事，我的心突然怔了一下，難受的厲害，但我還是答應了媽媽的請託。

沒想到有一次妹妹回去看媽媽，一向不喜歡看醫生的媽媽跟妹妹說：「前兩天在浴室不小心滑倒，胸口很痛，妳帶我去看醫生吧！」就

醫檢查不但發現媽媽的肋骨骨折，還發現糖尿病。

只要注意生活起居，骨頭慢慢就會長回去，但糖尿病卻是一個麻煩的對手。媽媽因爲不肯吃藥、不肯回診，我們就排起了輪值照顧表，開始記錄媽媽的用餐內容，希望可以多注意她的飲食，同時也成立了公基金，每個兄弟姊妹出一樣的錢出姊姊管理。大家要我管理媽媽的月退俸帳戶，我才發現媽媽每個月入帳的半俸其實只有一萬多元，她花了多久的時間才存到二十萬呢？

生命中有很多疑惑無法解答，因爲我們不是當事人，我們所有的可能答案，都是自己想像與推敲，很多時候，我們大多活在自己的想像裡吧？每個人都在自己的世界裡，依照自己的想像過生活嗎？

在媽媽的法事上，我跟大家說媽媽要我怎麼處理她存的二十萬元。姊姊說：「妳用匯款的，這樣才有紀錄，而且妳那麼會寫文章，想一個比較好的詞做記錄吧！」

匯款時的註記最多可以寫七個字，想了半天，用「阿嬤的愛與祝福」匯款給媽媽的十個內外孫。希望媽媽有形的金錢支助，可以讓子孫們感受到無形的愛與祝福。

「以前的父母不會說愛，卻用行動表示」

幫助從外地返家的孩子準備喜歡吃的食物、幫忙帶一下孫子讓年輕父母可以出門約會，這些都是父母沒有說出口的愛。

當我們說不要讓孩子以為得到的都是理所當然時，我們是否也覺察到父母默默付出的一切，也忘了這些都是愛呢？

上有老邁的父母，下有年幼的孩子，卡在中間的我們，往往壓力最大？心情最苦嗎？當我們把孩子放在心上牽掛，要記得自己也曾是受父母保護的孩子，當我們用愛傳遞著愛，會讓愛穿越時空與生死。

結語

挫折，是完整人生的養分

德蕾莎修女曾經說過一句話：「愛，就是在別人的需要上，看到自己的責任！」

如果不是成爲母親，如果不是爲了更了解自己，如果不是爲了給孩子更好的陪伴、教養、榜樣與示範，我可能不會活出現在的模樣。

生命之所以會影響生命，是因爲愛是催化劑，那份愛改變了其中的人，但愛不會改變。

媽媽以前偶爾會笑著說：「以前我被孩子追到老，現在被孫子追到老！」那些笑容與話語裡的接納和付出，讓媽媽的生命豐美而踏實。

是孩子的成長在追趕，還是父母的青春在流逝呢？是父母先成熟，還是孩子會先長大呢？這些，其實都沒有一定的標準答案吧？

當愛在世代間做潤滑與轉換，父母的青春跳到了孩子的臉上，成為飛揚的笑，只是，在孩子的笑容中，往往都沒有看見父母背後的汗水或淚水，常常要在我們成為父母之後，才能在養兒育女的過程中，一點一滴的慢慢去體會與咀嚼，生命傳承的辛苦與快樂。

接納生命中的不完美，讓它成為成長的助力

以前，總以爲完好無缺才是眞完美，現在才明白，白紙一片的白，跟接納各種色彩的渲染，是不一樣的生命歷程。如果一朵花因爲不想凋謝而不願意綻放，那怎麼知道生命會多麼燦爛呢？

接納痛苦、接納失敗、接納悲傷、接納憤怒、接納恐懼、接納遺憾，接納各種讓人不舒服的遭遇，在當下，眞的很難、很難！

但遇上刺激與做出反應之間，其實是有空間的，我們不需要這麼急的反應，有時候等一下，讓自己的情緒可以接納了，再做出回應，即便這個等，可能是幾分鐘、幾小時、幾天，甚至是要花上好幾年的光陰，才可以給出最好的回應，但都値得我們把這些刺激，好好轉換成生命的養分。

畢竟，事件過去就是過去了！我們過不去的往往是卡在當下的情緒。沒有人可以眞的搭上時光機回到過往的十字路口上，重新換一條路走，但每一個人，都可以用更成熟與豐富的眼光，去重新解讀生命中曾經走過的經歷，因爲我們是一個成熟的大人，而不再是過往那個受困、受傷的孩子。

也許童年有人曾經故意傷害過你，但我相信來自父母的傷害大部分都並非故意的，有些是不小心，有些是不知道這樣會是一種傷害，畢竟，以前的父母生活在一切都相對匱乏的上個世紀，我的父親和外公甚至帶著經歷戰火的恐懼離鄉背井。

現在回頭去看他們曾經歷的遭遇，如果把我放到相同的時空背景和條件中，我不一定會做得比他們更好。但現在的我們有很多的資源可以利用，可以透過學習，避免不小心做出傷害孩了的事，也可以去解救曾經被傷害而在當時不知道要如何應對的自己。

我們要善用時代進步的資源學習與理解，而不是埋怨父母過去的不足。這樣就好像經過我們努力的淘洗，把以前世代裡的浮沫和殘渣剔除，留下真摯而純粹的愛，滋養與關照孩子，同時也療癒了自己。

讓家族裡的愛與能量，更健康的流動和傳承。

在成長的路上，誰的身上沒有傷痕？那是我們努力成長的印記。挫折，雖然讓我們在當下感到痛苦，但時過境遷，回頭來看，接納從前的挫折反而完整了生命歷程。

劉素珍老師在《最黑暗處仍有光》這本書中寫著：「在你最過不下去時，當你覺得自己快不行的時候，就是在這一刻，去看清自己的盲點是什麼，讓你最感到痛苦的，就是你的盲點，也許這就是你的靈魂功課。在受苦的時候，如果你絲毫沒有覺察，沒有去注意，那就白白受苦了。」

寫這本書，好幾篇文章都在哭，哭著哭著寫不下去，又覺得不寫出來痛苦更是加劇。那些和著文字滴落的淚，每一滴都參雜著悲傷與感謝，慢慢清洗掉我過去的排斥和逃避，帶給我前所未有的接納與療癒。如果也能對正在閱讀的你，有一些啟發與指引，那就是世界的美善持續在流轉，眞是幸福與幸運！

祝福你也能重新開啟家族裡的能量，釋放與清理不好的能量，發揚與傳遞美善的能量，只要每一個家庭都好了，社會就會運轉的更安康與和善，身爲社會一份子的你我，也就置身在幸福之中了。

國家圖書館出版品預行編目 (CIP) 資料
淬鍊幸福，剛剛好的回憶練習：媽媽也曾經是女兒，從過去傷痛釋放自己，學會愛 / 尚瑞君著. --
第一版. -- 臺北市：親子天下股份有限公司，2023.10
320 面；14.8X21 公分. -- (輕心靈；9)
ISBN 978-626-305-583-4(平裝)

1.CST: 母親 2.CST: 自我實現

544.141 112014555

輕心靈 009

淬鍊幸福，剛剛好的回憶練習

媽媽也曾經是女兒，從過去傷痛釋放自己，學會愛

作者｜尚瑞君
責任編輯｜謝采芳、袁于善（特約）
編輯協力｜王雅薇
封面設計｜蕭華
內頁設計與排版｜賴姵伶
行銷企劃｜林思妤

天下雜誌群創辦人｜殷允芃
董事長兼執行長｜何琦瑜
媒體產品事業群
總經理｜游玉雪
副總經理｜林彥傑
總監｜李佩芬
行銷總監｜林育菁
版權主任｜何晨瑋、黃微真

出版者｜親子天下股份有限公司
地址｜台北市 104 建國北路一段 96 號 4 樓
電話｜ (02)2509-2800　傳真｜ (02)2509-2462
網址｜ www.parenting.com.tw
讀者服務專線｜ (02)2662-0332　週一～週五
09:00~17:30
讀者服務傳真｜ (02)2662-6048
客服信箱｜ parenting@cw.com.tw

法律顧問｜台英國際商務法律事務所 · 羅明通律師
製版印刷｜中原造像股份有限公司
總經銷｜大和圖書有限公司　電話｜ (02)8990-2588

出版日期｜ 2023 年 10 月第一版第一次印行
定價｜ 400 元
書號｜ BKELL009P
ISBN ｜ 978-626-305-583-4 (平裝)
